Actitud de vuelo

Momentos de Inspiración para una Vida Mejor

Actitud de vuelo
Zig Ziglar

Publicado por:
Editorial Peniel
Boedo 25
Buenos Aires C1206AAA - Argentina
Tel. (54-11) 4981-6034 / 6178
e-mail: info@peniel.com

www.editorialpeniel.com

Diseño de cubierta: Identity Design, Dallas, Texas
Adaptada al español por: arte@peniel.com

Diseño de interior: arte@peniel.com

Originally published in English under the title:
Life Lifters Copyright © **2003** by **Zig Ziglar**
Published by Broadman & Holman Publishers
Nashville, Tennessee

A menos que se indique lo contrario, las citas bíblicas son de:
La Santa Biblia, Nueva Versión Internacional

Impreso en Colombia
Printed in Colombia

Ziglar, Zig
Actitud de vuelo - 1a ed. - Buenos Aires : Peniel, 2006.
Traducido por: María José Hoff
ISBN 987-557-133-4 ISBN-13: 978-987-557-133-4
1. Superación personal. I. Hoff, María José, trad. II. Título CDD 158.1
192 p. ; 21x14 cm.

Actitud de vuelo

Momentos de Inspiración para una Vida Mejor

ZIG ZIGLAR

Peniel

BUENOS AIRES - MIAMI - SAN JOSÉ - SANTIAGO

www.editorialpeniel.com

Tú,...

encontrarás el impulso que necesitas

para ir hacia arriba.

Dedicado a los hombres y mujeres valientes
-pasados, presentes y futuros en nuestras fuerzas
militares- que han entregado sus vidas para proteger
nuestra fe, nuestra libertad y nuestras familias.

ÍNDICE

RECONOCIMIENTOS

Como siempre, cuando una obra de este tipo se completa, si hemos de ser honestos y justos debemos admitir que no es un esfuerzo individual. Es casi como cuando uno ve a una tortuga subida al pilar de un muro. ¡Tenga por cierto que no llegó allí por sus propios medios! Lo mismo también es verdad con respecto a este esfuerzo.

Mis reconocimientos comienzan con mi hermosa esposa pelirroja Jean, quien, como siempre, es mi constante fuente de aliento y que hace por mí las cosas que no solo odio hacer, sino que en las que soy, en la mayoría de ellas, incapaz. Sin ella, su lectura, investigación y escritura, todo habría llevado mucho más tiempo.

Mi leal asistente ejecutiva por los últimos veinticinco años, Laurie Magers, me mantiene organizado durante todo este trabajo, y a la vez me ayuda con mis otros proyectos escritos en medio de su propia agenda ajetreada. Su coordinación de mis compromisos para hablar en público y mis obligaciones de escribir, es inestimable, y la forma en que ella y Julie coordinan todo por teléfono, fax y correo electrónico, me resulta asombrosa.

Julie Norman, mi hija menor y la editora de mis libros y columnas en los periódicos, es una fuerza rectora que le otorga una dimensión completamente nueva a lo que hago. Yo realizo mayormente el trabajo creativo, pero al ser mujer y de una generación diferente, Julie bellamente pule las aristas, le agrega su toque femenino y hace el escrito más eficaz y agradable. Además, es divertido trabajar con ella, y tiene una buena actitud: un incentivo constante para mí.

También están otros renombrados escritores, el Sr. y la Sra. Anónimos, que suman significativamente a mi depósito de información, datos, humor, interés general, etc. Además, debo agradecer a los medios, particularmente a los medios gráficos, los cuales frecuentemente me proveen material informativo así como también sugerencias viables que son útiles para mí cuando las compilo. Y a esas personas, tanto conocidos como desconocidos, que me han animado y han contribuido en innumerables formas a este gran logro, quiero expresarles mi gratitud. De la mejor manera que me es posible, quiero darles el crédito a todos aquellos que me han ayudado. Si lo he pasado por alto, por favor discúlpeme. Mis intenciones fueron las mejores.

PRÓLOGO

A la mayoría de nosotros, cuando nacimos, nuestros padres se regocijaron y nos trataron como si fuéramos futuros reyes o reinas del mundo. Nos propinaron buenos cuidados médicos, buenas dosis de amor y nos inundaron de atenciones y del afecto de mucha gente. Es verdad, muchos de nosotros tuvimos un buen comienzo. A lo largo del camino, sin embargo, mucha gente es forzada a entrar en "*boxes*" y se ven obligadas a permanecer allí.

Los *boxes* [en inglés el vocablo sirve tanto para referirse a una *caja* o *compartimiento*, como para denominar al sitio en que los autos de carrera hacen una parada rápida para revisar asuntos técnicos] vienen de todos los tamaños, formas y colores. Hay tantos *boxes* como hay opiniones. Este libro está diseñado para ayudarlo a adaptarse a cualquiera sea el lugar que se le haya asignado temporalmente, y luego a poder salir de ese lugar. Es difícil decirlo sin sonar como que estoy fanfarroneando, pero este libro abarca un amplio espectro de temas: desde actitudes, amor, inspiración, relaciones, establecer metas y motivación, pasando también por el humor, aliento, disciplina... y un poquito de todo lo demás. Los mensajes están diseñados para animarlo, edificar su fe y proveer conversaciones interesantes para reuniones de equipo y alrededor de la mesa familiar. Están estructurados como para que aprenda más sobre vivir la vida, llevarse bien con los demás y trazar su propio rumbo. Mayormente este libro es para persuadirlo de que si otros pudieron alcanzar los objetivos que alcanzaron, y vencieron los obstáculos que vencieron, entonces usted podrá hacerlo también en su vida.

No encontrará ni una historia en este libro que diga que la vida es fácil, porque no lo es. La vida implica compromiso, responsabilidad, dedicación, persistencia y trabajo arduo. Como he dado muchos de estos mensajes en seminarios en todo el país, y los he escrito en columnas de periódicos, puedo decirle que los principios aquí contenidos son absolutamente válidos y funcionarán, si es que usted los toma en serio y los aplica. Si así lo hace, creo que estos mensajes le permitirán vivir una vida más plena, feliz, productiva, gozosa y equilibrada. Esta es una aseveración fuerte, pero es una que creo cierta, ya que los principios contenidos en estos mensajes han ayudado a muchas personas a hacer exactamente eso.

Creo que ellos le ayudarán a salir de cualquier *box* autoimpuesto que usted pueda haber construido por sí solo, y especialmente de aquellos en que otras personas lo han puesto. Otro beneficio que recibirá, es que estará más entusiasmado con su país, su familia y su futuro. De ello surgirá una vida más iluminada en actitud y disfrute de la vida.

"ACTITUDOSIS"

Podemos decir con certeza que una actitud mental correcta es extremadamente importante en todo lo que hacemos en la vida. Esto es especialmente cierto si hemos de construir relaciones duraderas en el hogar o el trabajo. La gente disfruta estando cerca de los que son alegres u optimistas, y generalmente entusiastas sobre la vida. Pocos son los que disfrutan de estar cerca de los "profetas sombríos". Teniendo en cuenta eso, permítame darle algunas definiciones que el empresario Jim Norman me pasó hace unos años. Si puede mirar la vida de una forma más liviana, tal como Jim lo hace, alegrará los rostros de la gente con la que se junte.

> "Que el gozo la moderación y el reposo le dé con la puerta en las narices al doctor."
> – **Longfellow**

Aburrimiento: autocompasión disfrazada.

Amor: cuando escucharlo a usted es más divertido que pensar en mí.

Autocompasión: la puerta a la depresión, el combustible del temor, el yunque del enojo y la raíz del resentimiento.

Baja autoestima: un término psicológico moderno al que solíamos llamar "vergüenza".

Cambio/crecimiento: el proceso por el cual mi interior comienza a coincidir con mi exterior.

Compulsión: un abrumador deseo de destruirme en nombre del placer.

Envidia: emoción producida por la creencia de que la buena suerte de otro le quita mérito o desluce mi superioridad.

Honestidad: una cosa con la que no tengo problemas... hasta que llega el turno de ser honesto con ella.

Humildad: estar honesta y sinceramente dispuesto a aprender algunas cosas simples de otras personas, no teniendo ningún deseo de ahogarlas durante el proceso.

Impotente: un ser humano sin fe en Dios.

Negación: la habilidad de reprimir la verdad lo suficiente, como para tener lo que quiero.

Perseguido: la manera en que me siento cuando obtengo lo que me merezco.

Problemas: el método de Dios para revelarse al que esté interesado en conocerlo.

"Una disposición alegre es el éxito del alma, que capacita al hombre para hacer el doble de trabajo que lo que haría sin ella, y con la mitad del cansancio físico y mental."
–William Mathews

Racionalización: el proceso de autoconvencerme de que tengo todo lo que preciso.

Temor: la necesidad de huir de las cosas en que metí la pata ayer, y que sé que arruinarán mi vida mañana y con las que me niego a lidiar hoy.

Voluntad: cuando me expongo a la verdad y me abstengo de evadir las consecuencias.

A veces echar una mirada honesta a nosotros mismos realmente nos hará tirarnos al piso a patalear y desternillarnos de risa. Pero sospecho que muchos de ustedes pensaron en su vecino, hermana, hermano, madre, jefe, etc., al considerar las definiciones anteriores. Eso es muy revelador. La triste verdad es que la mayoría de nosotros tenemos un sistema de autodefensa y no queremos que nadie lo descubra, mucho menos que lo señalen.

Por ejemplo, estoy seguro que muchos de ustedes notaron que la definición de Jim de autocompasión no era para nada graciosa, especialmente si usted se identifica fuertemente con ella. Si conoce a alguien que vive en autocompasión, sabrá todo lo que hace para evitar pasar tiempo con esa persona. La autocompasión es simplemente un síntoma de "actitudosis": una condición a la que se llega por la negación de los demás y sus necesidades, y por un extremo enfoque y una excesiva atención en los más minúsculos dolores, sufrimientos e inconvenientes de su vida.

Necesitamos considerar nuestra actitud tan seriamente, como consideraríamos la inversión monetaria más grande de nuestras vidas. Nuestra actitud le da forma a nuestros minutos, días, semanas, nuestra vida entera. Afecta la manera en que sentimos, miramos, y aun la manera en que respondemos a las circunstancias que están fuera de nuestro control.

La "actitudosis" no puede sobrevivir a una fuerte y firme dosis de literatura edificante, ni a una donación regular de su tiempo para una buena causa. Haga contacto ocular con alguien que no lo espera y déle su mejor sonrisa. Cuando esté deseoso de mejorar su actitud y tomar acciones para lograrlo, comenzará a disfrutar la vida más plenamente.

-MENSAJE-

Esta es una prueba de realidad. Lo animo a que lea estas páginas nuevamente y reflexione sobre ellas seriamente.

2

CUANDO EL AMOR ES LA RAZÓN

> "Hay dos maneras de llevar la luz: ser la lumbrera o el espejo que la refleja."
>
> **—Edith Wharton**

Cuando nuestra hija mayor era adolescente, una tarde vino del colegio, se bajó del auto de un salto y corrió hacia la casa, considerablemente excitada, mientras que sus amigos la esperaban en el auto. Se dirigió hacia mí y me dijo:

– Papi, ¿puedo ir a –tal o cual– lugar con mis amigos?

Yo le respondí:

– No, Doll, no puedes.

Se quedó medio asombrada y me preguntó:

– ¿Por qué no?

Le contesté:

– Porque de algún modo se me ocurre que esos muchachos no son la mejor compañía para ti, y que están yendo al lugar equivocado.

Ella ofreció la típica respuesta adolescente:

– ¡Pero todos lo hacen!

Yo le dije:

– Doll, tú sabes que eso no cambia las cosas contigo.

Nuevamente insistió:

– Pero, ¿por qué no puedo ir?

Y de nuevo le respondí:

– Es el lugar equivocado y la gente incorrecta.

Ella insistió y yo le expliqué pacientemente:

– Corazón, déjame decirte algo. Esos chicos que esperan en el auto dicen ser tus amigos. Mañana o la semana que viene podrían no dirigirte más la palabra. Solo quiero que sepas que nunca habrá nada que puedas hacer, sea lo que fuere, que haga que tu madre y yo dejemos de amarte.

Proseguí explicándole que la amaba demasiado como para permitirle poner en peligro su reputación o posiblemente hasta su vida. Ella se paró, frunció sus labios por un momento, y luego literalmente saltó hacia mí, me agarró del cuello y me dio un gran beso diciendo:

– ¡Gracias papi! De todos modos no quería ir en verdad.

No tengo idea qué fue lo que les dijo a sus amigos que la esperaban en el auto, pero lo importante es que pudo culparme y salvar las apariencias con los chicos y chicas del auto.

Mi esposa –la Pelirroja– y yo hemos tenido la experiencia de diferentes de nuestros hijos hablando por teléfono y diciendo en alta voz:

– Déjame preguntarle a mis padres.

Y luego levantar el tubo como para que se escuche fuerte mientras nos hacían señas desesperadas para que dijéramos que no a su pedido de permiso. No tenemos idea de cuántas veces ellos quisieron que digamos que no porque no querían estar en apuros, y cuántas veces simplemente no querían hacer lo que otros les pedían. Pero ahora sabemos que a veces los chicos necesitan que les digamos que no.

Cuando les damos instrucciones a los niños, especialmente a los adolescentes, debemos considerar la naturaleza de cada uno.

Nuestros cuatro hijos respondían de manera diferente a la palabra *no*. Julie, nuestra hija menor, fácilmente –y aun felizmente– aceptaba nuestro no y luego buscaba una forma de hacer aquello que le habíamos negado. Cuando era atrapada en el acto de desobediencia, sin embargo, ella siempre respondía bien a la disciplina.

> "La política es la ciencia de cómo quién obtiene qué, cuándo y por qué."
> **–Sydney Hillman**

Nuestra hija del medio, Cindy, siempre respondía a un *no* con enojo, pisando fuerte en el suelo, mascullando y cerrando la puerta de su habitación un poquito fuerte. Quizás no le hablaba a nadie de la familia por dos días. Cindy podía aguantar más que los demás cuando se trataba de mostrar su desagrado. Su comportamiento no era tan doloroso para nosotros como para dejarla hacer lo que creíamos que no debía hacer, porque la dañaría de alguna forma.

Estoy convencido que los chicos de hoy necesitan padres, no amigos. Necesitan a alguien que ejerza un juicio maduro. Los niños instintivamente saben –aunque discutan diciendo lo contrario– que no están lo bastante maduros como para tomar buenas decisiones sobre asuntos importantes. Como siempre digo, ellos no quieren un amigote en la casa. Quieren un papá y una mamá que los ame lo suficiente como para decirle que no cuando un *no* es realmente la mejor respuesta para el niño. Sí, cuando el amor es la razón, aun si el niño no lo entiende completamente, su decisión eventualmente será aceptada.

–MENSAJE–

Esté disponible para sus hijos. Luego, cuando usted los necesite, ellos estarán disponibles para usted.

3

UN MOMENTO DE INSPIRACIÓN

Muchas veces un hecho, entusiastamente descrito, puede tener un impacto dramático en la vida de una persona. En 1951 Bobby Thompson hizo una carrera completa hasta el *home* que literalmente fue "el milagro del año". Los New York Giants y los Brooklyn Dodgers luchaban por ganar el banderín de la Liga Nacional, y todo dependía del resultado del juego final. Los Dodgers estaban bastante lejos cuando los Giants empezaron su "carrera milagrosa" en la última parte de la novena entrada. Bobby Thompson saltó sobre la placa de *home* y anotó la histórica carrera al *home* que le dio a los Giants el triunfo, y el banderín. Ese momento fue verdaderamente emocionante.

> "Los niños nunca han sido muy buenos para oír a sus mayores, pero nunca han fallado a la hora de imitarlos."
> **–James Baldwin**

Un joven muchacho en Mobile, Alabama, escuchaba el juego por la radio cuando todo sucedió. El locutor perdió los estribos, literalmente. Perdió el control, gritó en el micrófono:

– ¡Es un 'jonrón' [*home run*]! ¡Los Giants ganaron el banderín! Es el tiro que 'fue oído en todo el mundo'.

Cuando el joven escuchó, Hank Aaron pensó para sí: *"Un día yo voy a hacer un tiro que se escuche en todo el mundo"*. El 14 de abril de 1974 Hank Aaron anotó el *jonrón* que batió el récord de Babe Ruth.

No quisiera dejar la impresión que la emoción de la anotación de Thompson fue la razón por la que Hank Aaron pudo batir el récord. Aaron era un joven jugador muy talentoso apoyado y alentado por sus padres. En su casa las cosas estaban apretadas económicamente. El padre de Hank le dejaba un cuarto de libra de su ración de comida. Él sabía que ese cuarto de libra extra le permitía mantener sus fuerzas físicas y su resistencia, pero tampoco ignoraba que su padre le dejaba parte de su almuerzo.

"El punto más elevado de los logros de ayer, es el punto de partida de hoy."
–Lema de los padres paulistas

El éxito de la magnitud que alcanzó Hank Aaron vino como resultado del esfuerzo de más de una persona. Sus padres, obviamente, tuvieron que ver; sus entrenadores ciertamente fueron decisivos en enseñarle no solo los principios del juego, sino también los puntos más finos o precisos. Sin embargo, fue el compromiso de Aaron, su ímpetu, determinación y esfuerzo incansable por alcanzar este sueño, los que produjeron los asombrosos resultados.

Siempre me pregunté si Aaron habría batido el récord si no hubiera escuchado ese programa de radio aquel día. Tengo por seguro que esa decisión aquel día de "anotar un tiro que sea oído en todo el mundo" le hizo acercarse a su objetivo en el béisbol con una expectativa de la que Lilian Whiting escribió: "Estar preparado para la oportunidad, mantener la energía mental serena, confiada, esperanzada y alegre, es atraerla y acercarla hacia uno. El asunto no es si la oportunidad se presentará, sino si estaremos preparados para la oportunidad cuando ella venga. Llegar a no dudar, no negar y no descreer. Llegar a tener una expectativa risueña, un anhelo de propósito, y una aspiración noble y generosa".

Tengo la convicción de que las palabras adecuadas habladas en el tiempo indicado, pueden hacer una diferencia drástica en la vida de una persona. Afortunadamente, uno puede elegir estar en el lugar correcto para escuchar esas palabras. Los ganadores se juntan con ganadores. Si nos posicionamos en la vida con la determinación de buscar y pasar tiempo con ganadores, entonces nuestras posibilidades de ganar aumentarán. El hombre más sabio que alguna vez existió escribió: "Si estamos con los sabios nos volveremos sabios; si estamos con los necios llegaremos a ser necios". Hay mucha verdad en esas palabras. Expóngase a situaciones en donde sea probable que escuche palabras emocionantes, inspiradoras y potencialmente cambiadoras de vidas. Sea sabio y pase tiempo con personas que estén interesadas en crear sus oportunidades.

-MENSAJE-

Cuando escoja sus compañías, elija los mensajes de vida que escuchará, lo que significa que estará eligiendo su futuro.

REINGRESO

No todo está perdido cuando alguien termina detrás de las rejas, especialmente si es encarcelado en una prisión de Carolina del Norte, donde el ministerio Prision Fellowship enseña un curso llamado Plan de Vida Reingreso. "Reingreso" enseña temas como ser los beneficios de un carácter firme, una fuerte ética del trabajo, habilidad de relacionarse, proposición de metas, actitud ganadora, etc.

> "Que un hombre tenga nada más que un propósito, un objetivo, y las oportunidades de alcanzar su final brotarán como plantas ante el beso de la primavera."
> **–John Lancaster Spalding**

Los resultados: la tasa de reincidencia en Carolina del Norte está levemente por encima del cuarenta por ciento, pero en las instalaciones en donde el Plan de Vida Reingreso se enseña, la reincidencia es del seis por ciento. Todos se benefician con este plan. Incidentalmente, en la mayoría de los casos los hombres y las mujeres involucrados fueron "habilitados", no rehabilitados. Nunca les habían enseñados las cualidades necesarias para el éxito, entonces andaban por la vida con una mentalidad como si el mundo les debiera algo, y terminaban de nuevo detrás de las rejas.

Pregunta: ¿qué pasa si los alcohólicos, drogadictos y transgresores de la ley no quieren ser "habilitados" o cooperar y ser motivados? Respuesta: a pesar de lo que muchos de ellos puedan decir, saben que la adicción a las drogas o el alcohol y el comportamiento antisocial –crimen y violencia– son la ruta al desastre.

Según la autoridad en materia de drogas y daños cerebrales, el experto Forest Tennat, algunos programas de rehabilitación funcionan aún si la persona no cree en ellos. El adicto con frecuencia no quiere participar y se resiste a entrar en un tratamiento, porque "él no tiene ningún problema" –negación– o porque "puede manejarlo". Muchos drogadictos/criminales tienen que ser obligados por ley o por la firmeza de sus padres a entrar en tratamiento.

Sin embargo, una razón por la que el tratamiento igualmente funciona, es porque el adicto o criminal sabe que esa persona o esa ley que lo solicita se preocupa por él. Todos quieren ser amados y apreciados y, aunque protesten y se rebelen, en el fondo de su corazón dicen: "Estoy contento de que mis padres me amen tanto como para obligarme a hacer lo mejor para mí".

La acción física de estar bajo tratamiento, escuchar cosas que tienen sentido y observar el progreso de otros que están en el programa, motiva a los individuos a reconocer su propio problema, y les brinda la esperanza de que ellos también pueden ser ayudados. Los centros de tratamiento han identificado adecuadamente los "botones de alarma" de los drogadictos. Cuando los adictos ven las ventajas físicas de estar libres de drogas, reconocen que el progreso en esa dirección resultará en su interés personal. Cada pequeño adelanto trae una pizca de esperanza adicional, y la esperanza genera más acción.

Enseñanza: la influencia externa en la forma de acciones físicas obligadas trae sus beneficios, los cuales "motivan" a los adictos a continuar el tratamiento para que así los beneficios puedan continuar. Una vez que el problema está resuelto y la rehabilitación es completa, el adicto debe mantener un "temor saludable" y una comprensión del poder de la adicción. La motivación ahora debería ser desarrollar un plan de juego para mantenerse libre de drogas, y con un buen comportamiento que los asegurará fuera de la prisión cuando sean liberados.

Ciertamente los pasos son pocos y simples, pero no fáciles. Primero: deben reconocer que son mejores sin drogas, y deben comprometerse a estar libres de ellas. Segundo: deben tomar medidas para asegurarse que no caerán nuevamente en la trampa de la adicción. Tercero: deben evitar toda asociación con los anteriores "amigos" o compañeros que eran parte de su grupo de transgresores de la ley, y deben reconocer que ahora no tienen nada que ver con ellos; no debe haber contacto personal, ni por teléfono, ni por correo ni por computadora. Esto resultará difícil, porque ellos se mueven bajo la ilusión de que son sus "amigos". Error. La Biblia dice: *"No se dejen engañar: las malas compañías corrompen las buenas costumbres"* (1 Corintios 15:33). Cuarto: deben establecer una rutina. Ir a dormir, levantarse, comer a un horario fijo. Quinto: unirse a una organización que enseñe la ética y los valores morales, como ser una iglesia.

> "Recuerde que todos los hombres a veces tropiezan y tienen que ser ayudados a ponerse de pie: si está en el suelo, no puede cargarlo. La única manera en que un hombre puede ser ayudado permanentemente, es ayudándose él mismo."
> —**Theodore Roosevelt**

-MENSAJE-

El amor -amor real- hace por una persona lo que necesita ser hecho, y no necesariamente lo que la persona quiere que se haga.

5

LAS MEJORES NOTICIAS

Hay muchas actitudes diferentes. Roberto de Vicenzo, un golfista argentino, bellamente mostró una de las mejores hace muchos años atrás, cuando ganó el torneo Masters de Augusta, pero le negaron la codiciada chaqueta verde. Yo digo que ganó, pero tuvo el puntaje más bajo al final de los cuatro días. Su compañero de juego había escrito involuntariamente que había hecho un par en uno de los hoyos, cuando en realidad había hecho un *birdie*. De Vicenzo firmó la tarjeta, y cuando una tarjeta mal hecha es firmada, el jugador es descalificado. Él no había hecho trampa, pero las reglas ya estaban fijadas. ¿Cuál fue su reacción cuando se enteró que estaba descalificado? ¿Culpó a su compañero de juego? No; simplemente dijo que había cometido un error tonto. Aceptó toda la responsabilidad. ¿Qué clase de hombre es ese?

> Alguien dijo una vez que cuando te retiras, pasas del "quién es quién" al "quién es eso".

Un tiempo después ganó otro torneo. Luego de que le dieron el cheque, pasó mucho tiempo en el vestuario. No tenía ningún apuro en particular. Cuando salió al estacionamiento, estaba vacío, excepto por la presencia una mujer joven. Se acercó a él diciéndole que no tenía trabajo, que su bebé estaba enfermo al borde de la muerte, y que no tenía dinero para pagar el hospital ni los médicos. De Vicenzo cedió las ganancias del torneo a esta joven mujer y siguió su camino.

La semana próxima estaba en un country club. Uno de los oficiales de la Asociación de Golfistas Profesionales le dijo que había sido víctima de un fraude: la mujer joven no tenía un bebé y ni siquiera estaba casada. De Vicenzo dijo: "¿Quiere decir que no hay tal bebé enfermo?" El oficial respondió: "Efectivamente". De Vicenzo manifestó: "Me ha dado las mejores noticias que recibí en todo el año".

¿Dónde está su corazón? ¿Cuál es su actitud? ¿Cómo se habría sentido usted en las mismas circunstancias? ¿Quién tenía el mayor problema, la mujer o el golfista? Creo que es obvio, ¿no es cierto? Creo que De Vicenzo no lo pensó dos veces. Estaba realmente contento de que no había habido un niño enfermo. Para una actitud así se precisa compasión, se precisa amor, pero también sabiduría.

"La inteligencia es rapidez para aprender, a diferencia de la habilidad, que es la capacidad de actuar sabiamente sobre lo aprendido."
—Alfred North Whitehead

¿Cuándo se alcanza la madurez en las actitudes? ¿La actitud es cosa de la cabeza, del corazón, o de ambos? La madurez en la actitud se alcanza cuando entendemos plenamente lo que podemos y lo que no podemos cambiar, y respondemos consecuentemente con ello. De Vicenzo no podía cambiar los números en su tarjeta de puntuación o recuperar el dinero que le había dado a la mujer. Despotricar y funfurruñear no cambiaría la realidad de ninguno de los dos errores. Entonces escogió *aceptar* lo que había sucedido y seguir adelante. Al hacerlo, le ahorró a su compañero de juego la vergüenza y el pesar sobre el error cometido. Les mostró a todos los que presenciaron el otro incidente, su verdadero carácter, y no pasó por un estúpido e ingenuo delante del oficial que estaba tan orgulloso de haber traído la primicia.

La gente con buen corazón es expuesta más fácilmente en tiempos de estrés y enfermedad. De Vicenzo estaba más interesado en las necesidades de su compañero de golf y en la salud de un bebé, que lo que lo estaba en anunciar que había sido víctima de una injusticia. Un corazón como este, que es honesto, espera lo mejor de los demás y no alberga malicia. Roberto de Vicenzo en algún punto decidió que él era responsable por las circunstancias de su vida, que tenía control sobre la manera en que respondía a la decepción, y que una buena actitud y un corazón que confía ofrecen más recompensas que la otra clase de cosas. Tome las mismas decisiones para usted y descanse en una vida más satisfactoria.

-MENSAJE-

No es lo que le sucede a usted; es la forma en que lo maneje lo que determinará si ha de ser feliz o desdichado.

6

¿PEDIR PROBLEMAS O PEDIR TRABAJO?

Por muchos años he sido fanático y amigo de "Cadillac Jack" Hendrix, de Little Rock, en Arkansas. Él vende Cadillacs –muchos, por cierto– y la mayoría de sus operaciones son por parte de clientes habituales. Su anuncio a los potenciales clientes lo representa bien. Comienza con una pregunta y sigue con una lista de servicios: "¿Conoce usted un vendedor de autos

> "Por mucho tiempo he pensado que el proceso de envejecimiento podría retardarse si tuviese que abrirse paso hacia el Congreso."
> —**George Bush**

- que lo lleve al aeropuerto y se lleve su auto al taller mecánico mientras usted está de viaje?
- pase a buscar su auto por su casa u oficina y se lo lleve a reparar?
- le preste un automóvil provisoriamente mientras usted tiene el suyo en el mecánico?
- le remolque su vehículo cuando se quedó varado o ha tenido un accidente?
- le proporcione llaves cuando usted se ha quedado encerrado afuera o ha perdido las suyas?

- le alcance veinte litros de combustible cuando usted se ha quedado sin él?
- le haga una conexión puente a su batería, por algún motivo?
- le ayude a planificar un viaje y le reembolse los gastos de hotelería, comidas y alquiler por cualquier desperfecto que esté en garantía, mientras que su auto es llevado al garaje para ser reparado?
- le devuelva el auto lavado si lo ha dejado para arreglar?
- le renueve las pastillas de freno?

Cadillac Jack termina este cuestionario diciendo: "Como su especialista personal en transporte, usted podrá llamarme a mi celular o a mi casa en cualquier momento. Yo mismo veré que todos estos servicios se cumplan. Si encuentra emocionante toda esta información, es importante que pregunte por mí, ¡porque yo mismo soy el que hago TODO esto!"

Suena un poco pedante o como que está haciendo un montón de promesas, ¿no es cierto? Pero su reputación por cumplir con todo esto es bastante buena. Junto a sus postales navideñas también envía un muérdago. Cuando entrega un Cadillac, siempre lleva una bella rosa al nuevo dueño. Jack no tienen idea de cuánto es su comisión por cada venta, hasta que recibe el cheque. Regularmente les envía nuevos puntos de información a sus clientes, sobre temas que pueden servirles en su vida personal, familiar o en sus negocios.

Esa es la razón por la cual el ochenta por ciento de sus ingresos vienen del veinte por ciento de sus clientes, lo que significa que les vende autos a las mismas personas año tras año. Es cierto decir que un buen vendedor puede venderle buenos autos, pero se precisa una buena persona, con integridad y un corazón recto, para construir una carrera de ventas.

Y ahora el resto de la historia. Cadillac Jack Hendrix, quien reconoce que sus maestros de escuela dominical son quienes han tenido mayor influencia en su vida, es más que un excelente vendedor.

Felizmente casado por treinta y seis años, padre de dos hijos y muy activo en su comunidad, ha trabajado muy de cerca en Big Brothers Big Sisters por mucho tiempo [N. de la T.: BBBS, una institución de ayuda a la niñez]. Ha estado involucrado activamente en la March of Dimes [N. de la T.: una organización dedicada a mejorar la salud de los bebés durante el embarazo y prevenir defectos de nacimiento y mortalidad infantil] y servido en la comuna de Maumelle, al otro lado del río en Little Rock. También ha sido presidente de un "club de optimistas", presidente de Jaycee [N. de la T.: una cadena de tiendas] y en un momento el diácono más joven de su iglesia.

"Tendemos a desempeñarnos al mismo nivel que las personas que tenemos cerca."
—David Campbell, Ph.D.

Jack demostró que tenemos que ser la clase de personas buenas, y hacer lo recto para recibir todo lo que la vida tiene para darnos. Para sorpresa de muchos, él demuestra que usted puede ser el vendedor número uno y un miembro del altamente prestigioso Club Crest por quince años consecutivos, y todavía disfrutar de un éxito equilibrado en su hogar, su vida espiritual y su vida social. El concepto de que usted puede tener todo lo que quiere en la vida, si ayuda lo suficiente a los demás a obtener lo que ellos quieren, es el centro de su filosofía.

¡Felicitaciones, Cadillac Jack, por ser un representante tan destacado de la profesión de vendedor!

-MENSAJE-

Para recibir todo lo que la vida tiene para darle, tiene que ser la clase de persona buena y hacer lo recto.

7

PERDIDO

Un sábado por la noche, mi esposa y yo regresábamos de una reunión de recaudación de fondos, y fuimos recibidos cálidamente por nuestro perro corgi galés, e ignorados por Timmy, el joven gato con una cola larga y esponjosa que estábamos criando para Sunshine, nuestra nieta.

> "Hay una gran diferencia entre preocupación e inquietud. Una persona preocupada ve un problema, y una persona con inquietud resuelve el problema."
> —**Harold Stephens**

A la mañana siguiente, cuando volvimos de la iglesia, Timmy se había perdido, entonces iniciamos una búsqueda en el barrio. El lunes a la mañana imprimí un cartel de "Perdido" y lo distribuí por todo el vecindario. Mi hija comenzó a llamar a los centros de control de animales y también alertamos a la patrulla vecinal.

Durante este proceso se me ocurrió que todos nosotros estábamos ocupados, especialmente en la empresa, ya que nos estábamos mudando a una nueva localidad. Pero allí estaba yo invirtiendo una cantidad sustancial de tiempo en buscar al lindo gatito. Es típico. Mucha gente hace de todo para recuperar una mascota o una relación valiosa. Haríamos "cualquier cosa" para cambiar algunas cosas o para tenerlas nuevamente.

La pregunta es: ¿No tendría sentido prestarles más atención a los amigos, familiares y conocidos que amamos? ¿Estamos realmente tan ocupados que no podemos hacer una llamada telefónica, dejar una nota en el buzón, salir a almorzar juntos, dar un paseo en auto o a pie, e invertir un poco de tiempo en mostrar ese amor? Pregunta: ¿Por qué no nos hacemos el tiempo?

No tengo una respuesta definitiva, pero creo que en la mayoría de los casos es más una cuestión de dilación que de descuido deliberado. Trabajamos a un paso acelerado y llegamos a casa para relajarnos. Antes de que nos demos cuenta, hemos pasado varias horas frente del televisor que nos presenta programas que no nos hacen felices, más sanos, ni nos dan paz interior.

> "No puedes cobrar los cheques en el banco de los cielos, si primero no has hecho el depósito de la fe."
> —**Anónimo**

Además de todo eso, es difícil tener conversaciones significativas mientras se mira la televisión. No me malinterprete: yo creo que algo de TV puede ser bueno y puede brindar compañía y confort a las personas que están confinadas en su casa. Pero todo eso no es más importante que pasar tiempo con los que amamos y apreciamos. La mayoría de nosotros planea hacer exactamente eso "algún día". Pero el "algún día yo..." es una amante seductora. En lo profundo de nuestro corazón sabemos que nuestras acciones de este año se igualarán a nuestras acciones del año pasado, y nos agarrarán cayendo en la misma frase gastada de siempre: "Te llamo más tarde" o "¿Por qué no nos juntamos un día para comer?", etc.

La solución: hágalo ahora. No tenemos idea de lo que puede suceder mañana o incluso dentro de una hora en nuestras vidas o en las vidas de nuestros seres queridos. Sin embargo, lo que sí sabemos es que si tomamos acciones para reforzar o arreglar algunas de nuestras relaciones, miraremos atrás con gratitud y nos diremos: "Estoy verdaderamente contento de haberme hecho el tiempo".

Nunca he escuchado decir a una persona ocupada: "Si tuviera que vivir de nuevo, miraría más televisión, pasaría más tiempo en la oficina, trabajaría más duro en mi carrera". No obstante, he oído a mucha gente decir luego de la pérdida de un ser querido o la ruptura de una relación estimada: "Si podría hacerlo de nuevo, me haría el tiempo y manejaría nuestra relación de manera diferente". Piense acerca de ello. Hoy, en muchos casos, tenemos la opción de hacerlo, pero quizás no sea así mañana.

Cuando Sunshine supo que su gato se había perdido, tomó la decisión de invertir su tiempo buscándolo. Nosotros pensábamos que era una pérdida de tiempo. Pero cuando ella llegó a nuestra casa, caminó por el jardín y en menos de tres minutos vino gritando que había encontrado a Timmy. Estaba atorado en el cerco, y aparentemente había estado allí por algún tiempo. ¡Estaba hecho un desastre!

Entonces, con bastante emoción, Sunshine nos explicó que le había pedido a Dios que protegiera a su gato y le ayudara a encontrarlo. Esa noche había soñado que lo hallaba, y así fue. Su fe es fuerte, y el Dios al que alaba es tan grandioso que está interesado aun en el gato de una niñita. Sunshine se hizo el tiempo para orar y buscar lo que para ella era importante. Si usted hace lo mismo, las bendiciones lo inundarán.

-MENSAJE-

Pase tiempo con las personas que ama. Algún día dirá una de dos cosas: "Desearía haber hecho..." o "Estoy feliz de haber hecho..."

8

ESTO ES MOTIVACIÓN

De las páginas de *Crossroads [Encrucijadas]*, escrito por Edgar T. Chrisemer y publicado en 1962 por Bruce Humphries de Boston, salta esta inspiradora historia.

Hace muchos años, una de las águilas más grandes en Escocia arrancó un bebé mientras estaba durmiendo liviano de ropas. Muchas personas vieron lo que pasó, y al instante todo el pueblo estaba afuera, tratando de atrapar al águila que se iba volando con el bebé. Pero las águilas vuelan y las personas no, así que el ave se detuvo en un risco elevado. La mayoría de los habitantes de esa villa perdieron las esperanzas de hallar al niño con vida. No obstante, algunos de los pobladores estaban determinados a buscar en cada lugar posible y hacer todos los esfuerzos para salvar al bebé antes que sucediera lo inevitable.

> "El hombre no es la criatura de las circunstancias. Las circunstancias son las criaturas de los hombres."
> —**Benjamin Disraeli**

Primero, un marino que trabajaba en los barcos trató de escalar el risco empinado. Pero luego de un tiempo llegó a un punto en que no pudo avanzar más, aceptó la derrota y abandonó los intentos. Él había fracasado, pero había otros que se negaban a abandonar. Luego, un montañista rudo y experimentado, que estaba acostumbrado a escalar montañas, hizo su intento. Aunque se acercó bastante al bebé, tampoco pudo alcanzarlo, y volvió fracasado.

Una frágil campesina miraba silenciosamente mientras todo esto ocurría. Luego indicó que iba a subir. Nadie dijo nada, pero era obvio que todos pensaban que si un joven marinero y un montañista tosco no habían podido escalar las alturas, muchas menos oportunidades tenía esta mujer. Se quitó sus zapatos y comenzó a ascender, poniendo sus pies descalzos primero sobre una roca, luego sobre otra y otra más, hasta que en poco tiempo alcanzó el mismo nivel en que se encontraba el bebé. Lo levantó del nido del águila mientras que los pobladores allá abajo miraban atónitos y atemorizados.

El descenso fue aún más difícil que la subida, porque un paso en falso podría resultar en la muerte de ambos. Cargar al bebé le agregaba más dificultad a la dificultad. Pero lentamente, paso a paso, la mujer descendió la ladera de la montaña. Una vez que llegó a la base, los pobladores asombrados le dieron la bienvenida. Ella logró hacerlo mientras que otros fallaron, porque tenía una clase de motivación diferente. Era la madre del bebé. Su amor le permitió escalar las alturas que los otros no pudieron.

Se sobreentiende que ella tenía un profundo interés y un corazón lleno de amor, pero esos eran los factores motivadores de su vida. Estoy seguro que el marinero y el montañista querían salvar a la criatura desesperadamente, pero para la madre era cuestión de la vida del niño que ella amaba con todo su corazón. Eso es verdadera motivación.

¿No sería hermoso si el amor por *toda* la vida humana, no solo por nuestra propia familia, fuera parte de nuestra sociedad? Lo animo a recordar que Dios nos ama a todos y tiene un profundo interés en cada uno de nosotros. Si ese pensamiento saturara nuestras mentes, ¿no seríamos más bondadosos y amables con la gente con que nos relacionamos? ¿No nos interesaríamos más por los oprimidos? ¿Se preguntó alguna vez lo que seríamos capaces

"Limpie su mente de 'no puedos'."
—**Samuel Johnson**

de hacer, y cuánto mejor sería nuestro mundo si todos mostráramos interés genuino por otras personas?

Alguien observó que hay tanto de malo en lo mejor de nosotros, y tanto de bueno en lo peor de nosotros, que deberíamos ser más cuidadosos sobre lo que decimos y sobre el resto de lo que guardamos. Deberíamos agregar "y de lo que hacemos por otros". ¿Quién sabe cuándo un acto de bondad –o incluso una palabra amorosa– puede tener un impacto decisivo en la vida de alguien?

-MENSAJE-

La responsabilidad y compromiso nos permiten hacer las cosas bien. El amor nos da el poder de hacerlas bellamente.

9 LA MENTALIDAD DE POBREZA

Las propagandas de televisión, programas, artículos y un montón de otras cosas, en una forma u otra, nos hacen querer "tenerlo todo". En muchos casos, "todo" incluye una hermosa casa, así como también un lugar en la playa, en las montañas o junto al lago. A esa lista se agregan autos lujosos, vacaciones excitantes, ropa preciosa, viajes costosos, respeto en la sociedad, una maravillosa familia y "todo" lo que una combinación de varias personas juntas tendrían en toda su vida.

> "No hay calamidad mayor que los deseos lujosos. No hay mayor culpa que la disconformidad. Y no hay peor desastre que la codicia."
> **—Lao-Tzu**

El problema básico con esto es que si lográramos tener "todo" –es decir, riquezas abundantes y todas las cosas mencionadas anteriormente– todavía sentiríamos que aún no tenemos "todo". Y las personas que "quieren todo lo que los demás tienen", tienden a concentrarse en lo que no tienen en vez de hacerlo en lo que sí poseen. Eso es lo que yo llamo "mentalidad de pobreza".

Mi amigo y mentor Fred Smith dice que en un período de tiempo, estas personas se vuelven codiciosas. Son como el viejo granjero que, cuando alguien le preguntó si quería toda la Tierra respondió: "No, solo quiero la tierra que está junto a la mía".

Lo triste es que muchas de estas personas podrían tener el noventa por ciento de todo –aunque poseen lo que el noventa y ocho por ciento de las personas diría que es un estilo de vida maravilloso, y muchas cosas que el dinero puede comprar– pero como no tienen una lancha de doce metros de largo y son solo el *vicepresidente* de la empresa, sus hijos no son excelentes y su esposa no es un trofeo o una líder en la comunidad, ellos se sienten engañados, y como resultado no son felices.

"Hay dos cosas a las que tenemos que aspirar en la vida: primero, a obtener lo que deseamos; y luego, a disfrutarlo. Solo los sabios alcanzan lo segundo."
—**Logan Pearsall Smith**

Raramente vemos gente codiciosa que sea feliz. La felicidad no está en tener lo que queremos, sino en querer lo que tenemos. Eso me lleva al punto principal de esta sección: gratitud por lo que sí tenemos. El diccionario nos dice que la gratitud es una emoción de corazón, un sentimiento de favor o buena voluntad hacia un benefactor, agradecimiento. La gratitud es una virtud de la mayor excelencia, porque implica un corazón generoso y un sentido apropiado del deber.

He observado con los años, que es raro encontrar personas felices que no sean a la vez agradecidas. En la mayoría de los casos las personas desagradecidas esperan que otros hagan las cosas por ellos para hacerlos felices –y esta sencillamente no es la manera en que funciona la vida–.

Thomas Secker lo expresó de este modo: "El que más disfruta es quien es agradecido en lo poco. Una mente agradecida es tanto grande como feliz". Desafortunadamente, hay muchas personas que no tienen la capacidad de expresar su gratitud correctamente. A. P. Gouthey lo dijo así: "La gratitud es de todas las emociones la más difícil de expresar. No hay una palabra capaz de transmitir todo lo que uno siente. Hasta que alcancemos un mundo en donde los pensamientos puedan ser expresados adecuadamente con palabras, el 'gracias' tendrá que seguir haciéndolo".

Se dice que la gratitud es una señal de las almas nobles. John Miller realmente nos ofrece una estupenda reflexión cuando dice: "Cuán feliz es una persona depende de cuán profunda sea su gratitud. Usted enseguida notará que la persona infeliz tiene poca gratitud hacia la vida, hacia las otras personas y hacia Dios".

El mensaje es claro: si estamos agradecidos por lo que tenemos, seremos más felices y sanos. Además, o muchas de las otras cosas vendrán a nuestra vida, o ellas perderán significado. Por tanto, la felicidad está centrada alrededor de todas las cosas hermosas que tenemos.

-MENSAJE-

Exprese gratitud por lo que tiene. Esto aumentará la posibilidad de tener más por qué dar gracias en el futuro.

10

¿LENGUAJE FEMENINO O MASCULINO?

Una inquietante información de *Newsday* sobre el uso de lenguaje profano en el lugar de trabajo, reza así: "La opinión generalizada es que las mujeres hoy usan un lenguaje más grosero, particularmente con otras mujeres, porque creen que eso les da una 'posición de poder' y les ayuda a ascender en la jerarquía corporativa". Según el artículo, han observado que los hombres en posiciones de poder frecuentemente usan ese lenguaje. Creo que eso es alarmante y, de hecho, desacertado.

> "Dios tejió una red de hermosura, de nubes y estrellas y aves, pero no hizo nada tan hermoso como las palabras."
> —**Anna Hempstead Branco**

Hoy uno puede caminar por cualquier calle, asistir a actos sociales o andar en muchos círculos de negocios, y escuchar un lenguaje que ninguna persona que se respete a sí misma hubiera pronunciado hace unos pocos años. La pregunta es: ¿sirve de algo usar lenguaje obsceno?

Como padre, ¿ha tenido alguna vez que sacar a su hijo fuera del cine porque súbita e inesperadamente la película usa un vocabulario obsceno? ¿O ha salido del teatro diciendo: "Estoy contento de que usaron todas esas palabrotas, porque le aportaron mucho a la obra"? ¿Se ha sentado alguna vez junto a una mesa en donde las malas palabras parecen igualarse al nivel de diversión que las personas tienen? ¿Se fue del restaurante diciendo: "Realmente disfruté sentarme cerca de esas personas bulliciosas, ya que nunca logro oír ese lenguaje sucio en casa"? El lenguaje vulgar ofende a muchas personas, y creo que ofende mucho más de lo que pensamos. Pero ¿por qué lo hacemos?

El lenguaje obsceno usado por cualquiera de los dos sexos es un indicador de inmadurez e inseguridad, y una manera segura de perder el respeto de muchas de las personas que nos escuchan. En mi opinión, una mujer pierde algo de su feminidad cuando recurre a la vulgaridad. Si por si acaso usted está en desacuerdo con esto, permítame hacerle un par de observaciones más.

A través de los años he estado en muchas oficinas de grandes corporaciones, con ejecutivos de alto rango. He observado que cuanto más alto está la persona en la escala de jerarquía, es más propenso a ser amable y cortés, y a tratar a sus subordinados con respeto y dignidad. Eisenhower lo expresó bien al decir: "El liderazgo es la habilidad de persuadir a otros de hacer lo que uno quiere que hagan, porque ellos quieren hacerlo".

Las probabilidades de obtener buenos resultados disminuyen si las palabras profanas se usan en una manera demandante. El subordinado podría quejarse, pero lo hará de todos modos sin ningún rastro de amor o entusiasmo por la tarea. Por el contrario, si a una persona se le pide respetuosamente pero en un tono de voz firme: "Lo necesitamos para hoy porque tenemos un plazo de vencimiento, y apreciaría mucho si lo hicieras", no solo logrará que el trabajo se haga, sino que sea hecho con cuidado y respeto.

En el aspecto social, ¿cuántas mujeres se casan con hombres porque usan lenguaje grosero? ¿Cuántos hombres se sienten atraídos a mujeres que usan un lenguaje ofensivo para la mayor parte de la población?

Las investigaciones indican que la violencia, especialmente en el hogar pero también en la calle, y al menos periódicamente en la comunidad, comienza con el uso de un lenguaje sucio y violento. Todos podemos recordar ocasiones en las que alguien sacó un

"La conversación es el instrumento socializador por excelencia, y en su estilo puede verse reflejada la calidad de una raza."
—**José Ortega y Gasset**

tema y dijimos: "¡No me hagas hablar de eso, porque cuanto más hablo de ello, más loco me pongo!" El enojo, expresado en palabras, es a menudo el primer paso hacia la violencia.

Considerando todo esto, espero que las damas abandonen su proyecto de tratar de ser "como los hombres" al hablar como ellos. Mujeres: ustedes son más eficaces y más persuasivas cuando son las mujeres fuertes y determinadas, cuyo vocabulario es bastante extensivo como para expresarse sin el uso de lenguaje profano o violento.

-MENSAJE-

Sus palabras pueden levantarlo o hundirlo. Ellas son poderosas. Charles Osgood estaba en lo cierto al decir: "Comparada a la palabra hablada, una imagen es algo ciertamente lamentable".

11

DARLE A LA PASIÓN EL CRÉDITO

Cada vez que usted vea a un estudiante con un coeficiente intelectual promedio que alcanza grandes proezas en el mundo académico, déle el crédito a la pasión. Cuando vea a un atleta con una habilidad levemente por encima del promedio que obtiene logros hercúleos, déle el crédito a la pasión. Cada vez que vea a un padre criar con éxito a sus hijos, a pesar de las deficiencias físicas y/o educacionales y los obstáculos que frenarían a una persona común en su camino, déle el crédito a la pasión.

> "Podemos afirmar absolutamente que nada grande se ha hecho en el mundo sin una gran pasión."
> —**Georg Wilhelm Friederich Hegel**

La independencia de los Estados Unidos se ganó por la pasión de los padres fundadores. Cada gran avivamiento religioso tiene a la pasión como su fuente. El movimiento de los derechos civiles fue encendido por la pasión de los líderes de derechos civiles. La lista es interminable; la pasión juega un rol importante en todos los grandes logros.

El diccionario dice que la pasión es "una emoción fuerte, un amor ardiente, celo, deseo ávido, esperanza y gozo". "La pasión es el gran movilizador y la primavera del alma. Cuando las pasiones de los hombres son más fuertes, pueden tener efectos más grandes y nobles, pero también pueden ser más propensos para caer en los mayores extravíos" (Spratt). Todas las pasiones son buenas o malas, según su objeto. Cuando el objeto es bueno, entonces la mayor de las pasiones es demasiado pequeña. Cuando es absolutamente maligno, entonces la mínima pasión es demasiada.

Bulwer nos aporta un consejo sabio cuando dice: "¡Qué gran error suponer que las pasiones son más fuertes en la juventud! No es que las pasiones sean más fuertes, sino que el control que ejercemos sobre ellas es más débil. Son avivadas más fácilmente; son más violentas y aparentes, pero tienen menos energía, menos duración, un poder menos intenso y concentrado que en la vida madura". Es maravilloso entender el control de las pasiones y dirigirlas, porque cuando estamos en control y con la motivación correcta, las pasiones pueden literalmente poner nuestro mundo "patas para arriba", y hacerlo un mejor lugar para vivir.

"Saber de alguien aquí y allá con quien estamos de acuerdo y que vive junto a nosotros, aun en silencio: esto hace de nuestro globo terráqueo un jardín habitado de personas."
—**Johann Wolfgang van Goethe**

En mi libro *Más allá de la cumbre [Over the Top]*, afirmo que las pasiones mal dirigidas terminan convirtiéndose en una obsesión. Hay una diferencia sustancial entre tener "una pasión por algo" y estar "obsesionados con algo". La pasión es positiva, controlable y fuertemente energizante. Una obsesión es negativa y perjudicial. La persona apasionada por lo que hace, se vuelve exitosa. Los obsesivos se vuelven adictos al trabajo. La gente con pasión hace lo que hace por amor al prójimo y por los resultados que esperan obtener. La gente obsesiva se hace adicta al trabajo y comienza a obrar por temor, codicia o negación.

La pasión bajo esas circunstancias se torna negativa. Pero en la otra cara de la moneda, la pasión bien dirigida, basada en una norma moral o ética, le permite a cualquier persona utilizar todo su potencial a pleno. Los resultados pueden ser asombrosos.

Para ser franco, soy un hombre de muchas pasiones. Tengo una pasión por servir a mi Dios, a mi familia y a mi país. Tengo pasión por ser y hacer lo mejor que pueda llegar a ser y hacer, sin importar cuál sea mi misión del momento. Tengo la convicción de que la pasión, como la valentía, es transferible. Cuando trabajamos y nos relacionamos con hombres y mujeres apasionados, esa pasión frecuentemente es transferida a nosotros. Esta es otra razón por la cual debemos ser cuidadosos en escoger las personas con las que nos relacionamos.

Es mi convicción que cuando estamos lógicamente informados y emocionalmente inspirados, podemos llegar a reconocer, desarrollar y usar todo lo que está dentro de nosotros, y convertirnos en lo mejor que podemos llegar a ser. Eso es todo lo que Dios o los hombres pueden pedirnos. Afortunadamente, eso será más que suficiente para ayudarnos a logar los objetivos nobles. Si desarrollamos esa pasión, cosas buenas comenzarán a ocurrir en nuestras vidas.

-MENSAJE-

Comprométase con una causa noble y estudie cuidadosamente los beneficios de esa causa para la sociedad. Involúcrese en esa causa, hágala algo personal y la pasión crecerá. Recién entonces podrá marcar una diferencia positiva.

12

LOS SUEÑOS SON IMPORTANTES

Hace muchos años se llevó a cabo un experimento con un grupo selecto de estudiantes de secundaria. Los estudiantes eran conectados a máquinas que decían con precisión cuándo ellos comenzaban a dormir y cuándo empezaban a soñar. Cuando empezaban a soñar, los clínicos los despertaban y luego los ponían a dormir nuevamente. Cada vez que los estudiantes volvían a dormir y comenzaban a soñar, eran despertados.

> "Es solo con el corazón que podemos ver correctamente, lo esencial es invisible a los ojos."
> **—Antoine de Saint Exupèry**

Después de una noche de tratamiento, algunos de ellos estaban nerviosos, inquietos, y se sentían molestos. Luego de la segunda noche, muchos de los jóvenes estaban irritados y enfadados, a pesar del hecho de haber dormido bastante. Al final de solo tres noches de haber dormido la misma cantidad de horas pero sin soñar, los investigadores decidieron terminar el experimento, porque algunos de los estudiantes manifestaban dificultades psicológicas.

Veinticuatro horas más tarde, la mayoría de los estudiantes volvieron a la normalidad, y al cabo de una semana todos retornaron al cien por ciento de la normalidad. Pero el experimento demostró algo: que cuando dormimos debemos soñar. Pero, además, me gustaría enfatizar que cuando estamos completamente despiertos también necesitamos tener sueños. Por cierto, la única forma de impedir que nuestros sueños se vuelvan pesadillas, es trabajar para hacerlos realidad.

Un sueño guardado, visitado y revisitado solo en la mente, hace que la gente se sienta como esos estudiantes privados de sus sueños mientras dormían. Se sienten irritables y enojados. Comienzan a mostrar síntomas de problemas psicológicos porque se reprochan a sí mismos el no haber cumplido esos sueños. Desarrollan una actitud de descontento, porque pasan tiempo pensando cómo "podrían" ser las cosas si persiguieran sus sueños.

> "Usted tiene un cerebro en su cabeza. Tiene pies en sus zapatos. Puede dirigirse a cualquier dirección que elija. Usted puede bastarse por sí mismo, y sabe lo que sabe. Y usted será el que decida dónde ir. Oh, los lugares adonde irá."
> —**Dr. Seuss**

El problema básico es que mucha gente tiene temor de sus propios sueños. Muchos me han dicho lo que no pueden hacer en vez de decirme lo que sí podrían hacer. Muchas veces no saben lo que quieren, porque no saben lo que está disponible para ellos. Así es que muchas personas se levantan y van a trabajar hoy porque eso es lo que hicieron ayer. El trabajo es un hábito. El trabajo representa un sueldo necesario pero que no satisface; la vida se torna aburrida; y ellos oscilan de un compañero, trabajo o ciudad a otra. En síntesis, se vuelven "generalidades errantes" en vez de "específicos importantes".

Si se acaba de dar cuenta que tiene el problema recién descrito, permítame darle un par de pensamientos para que los tenga en consideración. Primero: el fracaso es un acontecimiento, no una persona. El ayer realmente terminó anoche. Hoy es un día completamente diferente, y es todo suyo. Segundo: comprenda que usted puede hacer cambios radicales en pequeños pasos.

Recuerde que los terremotos y huracanes se llevan toda la publicidad, pero las termitas hacen más daño que la combinación de ambos, y las termitas dan mordidas tan pequeñas que no pueden siquiera ser vistas por el ojo humano. Pero ellas son persistentes, necesitan miles de mordidas, y hay millones de termitas.

El Presidente Calvin Coolidge dijo: "Nada en el mundo puede tomar el lugar de la persistencia. El talento no podrá. Nada es más común que hombres fracasados con talento. El genio no lo hará. El genio sin recompensa es casi un proverbio. La educación no lo hará. El mundo está lleno de educados en ruinas. La persistencia, determinación y trabajo arduo harán la diferencia".

Tome una decisión de perseguir sus sueños. Métase en un programa de crecimiento, apunte a un objetivo específico, y persista hasta que lo alcance.

-MENSAJE-

Los soñadores siempre han tenido y siempre tendrán un enorme impacto en la humanidad, pero solo si durante las horas de estar bien despiertos trabajan y usan su imaginación creativa para hacer que esos sueños se cumplan.

FAMILIA DISFUNCIONAL /DROGADICCIÓN/ DESERCIÓN ESCOLAR/ ÉXITO

> "La adversidad a veces es dura con un hombre; pero por un hombre que puede soportar la prosperidad, hay cientos que soportarán la adversidad."
> —**Thomas Carlyle**

Cuando usted lee un título así, suena como una de esas historias "demasiado buenas para ser ciertas", y de cierta forma es así. Me refiero a Rick Roosin, un hombre que tenía una educación formal limitada y muy poca experiencia en los negocios. Enfrentó negativas y dificultades toda su vida. De todos modos, deseaba cambiar. Como él mismo lo expresó: "Sabía que para que las cosas cambiaran yo tenía que cambiar. Para que las cosas fueran mejor yo tenía que mejorar". No hay palabras más ciertas que estas.

Rick comenzó a asistir a Alcohólicos Anónimos, donde aprendió uno de los principios en los cuales creo firmemente: que uno puede tener todo lo que quiera en la vida, si ayuda a los demás a tener lo que ellos quieren. Él aprendió que para poder estar sobrio tenía que trabajar con otros, para ayudarlos a que ellos también pudieran estarlo. En AA –y he tenido miembros de mi familia que participaron–, como parte del programa, la persona tiene que estar de guardia a la medianoche o cuando a las 03:00 alguien que está "limpio" pero que se siente tentado a volver a consumir, llama pidiendo la ayuda de alguien que tuvo un problema similar, pero que ha vencido al problema de a un día a la vez.

Los bebedores que ahora están sobrios se quedan toda la noche animando y hablando con aquellos que todavía luchan con la compulsión por beber. Persona tras persona testifican que la única manera de no volver a tomar, es manteniéndose ayudando a los demás a no hacerlo.

Ese fue el primer paso de Rick para una vida mejor. Él dijo: "Desarrollé una fe en el futuro y cerré la puerta de mi pasado". ¡Qué concepto! Durante dos años condujo un viejo Dodge Dart modelo 1976, alquiló una casa y luego subalquiló algunos de los cuartos para poder pagar la renta de cada mes. Comenzó a escuchar casetes de motivación y a interesarse por estar saludable. Bajó de noventa kilogramos a setenta y tres, y hoy está en el mejor estado físico de toda su vida. Empezó a leer las afirmaciones positivas que venían con la serie de casetes.

"Las penas recordadas endulzan el gozo presente."
—**Robert Pollok**

En este proceso su sistema de fe cambió completamente. Pasó de pensar que no era digno de ganar quinientos dólares por semana, a creer que merecía ganar veinticinco mil semanales. Sus ingresos ahora se cuentan en cientos de miles de dólares cada año. Vive en una hermosa casa tasada en más de tres cuartos de millón de dólares, usa ropa elegante y tiene lo que todos dicen querer tener.

Pero más que nada, termina diciendo: "Lo más importante es que tengo una esposa y dos preciosos hijos, y me deleito más en mi familia que en ninguna otra cosa en mi vida. Mi familia es infinitamente mejor de lo que era". Rick declaró: "Me levanto y espero ansiosamente lo que tengo que hacer ese día. Amo mi vida. Y amo a las personas que me rodean".

Déjeme repetirlo: él vino de una familia disfuncional por varias generaciones, de un divorcio, alcoholismo, abuso infantil, etc. Pero cambió el curso de cada área de su vida; física, mental y espiritualmente. Los resultados fueron increíbles.

Y este es el punto: el fracaso es un acontecimiento. No es una persona. Si a usted no le gusta quién es y dónde está, no se haga problema. No tiene por qué quedarse allí. Puede crecer. Puede cambiar. Solo recuerde que usted es lo que es y está donde está porque eso es lo que ha estado en su mente. Pero puede cambiarlo a través de lo que entra en su mente. El psicólogo Shad Helmstetter resumió mucho de lo que estoy diciendo del siguiente modo: "Usted no puede cambiar de un pensamiento negativo a un pensamiento positivo, sin cambiar de un discurso negativo a uno positivo. Para hacerlo, primero debe cambiar lo que entra, de negativo a positivo".

-MENSAJE-

Puede comenzar desde donde está y seguir los pasos de Rick Roosin. Ellos lo llevarán a donde quiera ir.

14

LA PACIENCIA TIENE SUS RECOMPENSAS

Mi confiable diccionario Noah Webster de 1828, me dice que la paciencia es "el sufrimiento de las aflicciones, dolor, esfuerzo, calamidad, provocación u otra adversidad con un temple calmado e imperturbable; una resistencia sin murmuración ni mal humor. La paciencia puede florecer de una fortaleza natural, de una clase de orgullo heroico, o de una sumisión cristiana a la voluntad divina. La paciencia es el acto o la cualidad de aguardar por justicia o por el bien que se espera, sin descontento".

> "La paciencia es el mejor remedio para todos los problemas."
> **—Titus Maccius Plautus**

En el mundo de hoy, Mark McCormack, probablemente el agente de deportes más exitoso en el negocio, ha incluido entre sus clientes a Arnold Palmer, Jack Nicklaus y a muchos otros nombres famosos en el mundo de los deportes. McCormack dijo: "En nuestros 'veintipico' de años en los negocios, el noventa por ciento de nuestro éxito ha tenido que ver en cierto modo con la necesidad de paciencia; y el noventa por ciento de nuestros fracasos han sido causados, en parte, por la falta de ella".

La paciencia, o a falta de ella, hace que mucha gente se salga de sus casillas, que pierda amigos e influencia y se descarrile de su curso. Las personas sin paciencia están más propensas a tomar atajos, decir lo que sea necesario para alcanzar el objetivo inmediato, o hacer lo que haya que hacer con tal de "adelantarse", aun a expensas de su propia integridad. El Centro de Liderazgo Creativo en Greensboro, Carolina del Norte, estudió a cuarenta y un ejecutivos, todos ellos personas exitosas que se esperaba que continúen su ascenso hasta la cima. Sin embargo, veintiuno de ellos se desviaron mientras que veinte lograron llegar al tope.

"El talento no es otra cosa que una mayor aptitud para la paciencia."
—Georges-Louis Leclerc de Bufón

El estudio reveló que todos los ejecutivos tenían fallas. Después de todo, nadie es perfecto. No obstante, los veintiuno que no lo lograron mostraron una consistencia en fallas repetidas, en las que la falta de integridad terminó socavando la confianza que los demás les tenían, haciéndolos fracasar. Es cierto que si usted no confía en un empleado, no lo promovería, dado el caso de que usted estuviera "sobre él"; o no lo seguiría, si estuviera "debajo de él", si es que pudiera elegir en la materia.

Para llegar alto en el mundo empresarial o en nuestras vidas privadas, debemos tener la confianza, lealtad y apoyo de otras personas. En el Antiguo Testamento, la historia de Job demuestra la fe y la paciencia, y hasta este día oímos de personas con mucha paciencia ser descritas como que tienen "la paciencia de Job". La paciencia no es pasiva, sino activa. Es un indicador de fuerza concentrada.

Benjamín Franklin, uno de los hombres más sabios que firmó la Declaración de la Independencia dijo: "El que tiene paciencia puede tener todo lo que desea". Horace Bushnell dijo: "No es necesario que todos los hombres sean grandes en acción. El mayor y más sublime poder es a menudo la simple paciencia".

Shakespeare observó lo siguiente: "¿Cuán pobres son los que no tienen paciencia? ¿Qué herida jamás sanará sino es por etapas?" Gil Hamilton expresó: "La paciencia no significa indiferencia. Podemos trabajar, y esperar y confiar, pero no debemos estar distraídos o descuidados mientras esperamos. La vida tiene condiciones tan duras que cada valioso y precioso don, cada virtud poco común, cada talento confiado –amor, esperanza, gozo, inteligencia, vivacidad, benevolencia– debe a veces ser puesto en el crisol para destilar el elixir singular: la paciencia".

La clave para ser paciente es estar activo. No nos sentamos por allí, jugando con los pulgares y esperando impacientemente que las cosas vengan a nuestro camino. Nos mantenemos ocupados trabajando para que las cosas sucedan. Pero lo hacemos, aunque podamos sentir que nuestro tiempo está cumplido. Pacientemente trabajamos con la mira puesta en nuestro objetivo, porque entendemos que en un plazo de tiempo la persona que se mueve y pacientemente persevera en sus esfuerzos para lograr grandes cosas, será finalmente recompensada.

-MENSAJE-

La paciencia y la persistencia edificadas sobre una base de integridad y trabajo arduo, son la forma más segura de alcanzar un éxito duradero.

15

MOTIVAR A OTROS

¿Por qué hacemos que las cosas sean extremadamente importantes? ¿Lo hacemos por una ganancia personal, o trabajamos para suplir una necesidad genuina? ¿Estamos preocupados por otra persona, o nuestra motivación es puramente egoísta?

Me encanta la anécdota escrita hace muchos años por G. W. Target titulada "The Window" [La ventana]. Él cuenta de dos hombres gravemente enfermos que ocupaban la misma habitación de un hospital. Uno tenía que sentarse sobre la cama por períodos breves para drenar el líquido de sus pulmones, y su cama estaba junto a la única ventana de la habitación. El otro hombre tenía que pasar todo el tiempo acostado boca arriba. Todos los días, el hombre junto a la ventana pasaba el tiempo describiendo a su compañero de habitación todo lo que veía afuera. El que estaba en la otra cama comenzó a vivir en esos períodos, cuando su mundo se ensanchaba y revivía por toda la actividad y el color del mundo exterior.

> "El único don es una porción de ti mismo."
> **—Ralph Waldo Emerson**

El hombre junto a la ventana le describía el parque cercano y el lago, daba descripciones coloridas de los cisnes y los patos. Le contaba de los niños navegando en barcos a vela mientras sus padres miraban de cerca. Le relataba sobre los jovencitos y muchachas caminando de la mano entre los hermosos árboles y flores. Le daba reportes meteorológicos diarios con pintorescos detalles. Es decir, le describía una gloriosa vista del mundo desde su cama de hospital. El señor del otro lado de la habitación cerraba sus ojos e imaginaba las escenas que su amigo describía, viendo con los ojos de su mente las imágenes que el hombre de la ventana le pintaba con palabras descriptivas.

Una mañana la enfermera encontró el cuerpo sin vida del señor que ocupaba la cama junto a la ventana. Había muerto pacíficamente mientras dormía. Tan pronto como creyó conveniente, el otro hombre preguntó si podía ser trasladado junto a la ventana. La enfermera aceptó su pedido y efectuó el cambio. Una vez que estaba acomodado se apoyó sobre un codo y se asomó por la ventana. Pero en vez del bello lago y todo el maravilloso escenario que su compañero le había descrito, descubrió que la ventana daba a una pared blanca. Él le preguntó a la enfermera qué sería lo que podría haber llevado a su compañero fallecido a describir un panorama tan hermoso de lo que habría fuera de la ventana. Ella le respondió que el hombre era ciego y ni siquiera podía ver la pared blanca. Dijo algo más: "Quizás quería animarlo a usted".

> "Nuestros ojos dicen lo que somos; nuestra boca, en lo que nos convertiremos."
> **—John Galsworthy**

Sea agradecido por lo que tiene y no envidie lo que tienen los demás. Después de todo, la otra persona puede estar haciendo algo bueno para usted.

El hombre más sabio que existió jamás también lo expresó de un modo significativo: "*Las palabras del hombre son aguas profundas, arroyo de aguas vivas, fuente de sabiduría*" (Proverbios 18:4). Todos podemos identificarnos con eso. Hemos conocido a alguien y pasado unos pocos minutos con esa persona, y nos hemos sentido animados y "mejores" como resultados de las palabras que pronunció.

Desafortunadamente, las palabras también pueden ser extraordinariamente destructivas. Mucha gente lleva los dolorosos recuerdos de palabras crueles y condenatorias desde su niñez. Si usted usa palabras de aliento, el receptor tiene más probabilidad de sentirse mejor. Si usa palabras humillantes, estas arrastrarán a las personas.

Cuando yo era joven, mi madre nos enseñó a cada uno de sus doce hijos que no todos podían ser inteligentes, pero todos podían ser amables y considerados hacia otras personas. A su buen consejo yo le agregaría que las palabras son la forma primordial en que la amabilidad y consideración se demuestran. Las palabras son lo que usamos más frecuentemente para alentar a otros a continuar en sus vidas cotidianas. Estoy convencido de que cuando usamos nuestras habilidades correctamente, podemos alcanzar el éxito. También estoy convencido de que cuando animamos a otros a usar sus talentos, tendremos una mayor oportunidad de alcanzar el éxito.

-MENSAJE-

Las palabras pueden levantarlo o arruinarlo. Una niñita expresó este profundo pensamiento: "Las piedras y los palos pueden quebrar huesos, pero las palabras pueden quebrar mi corazón".

16

IR A FAVOR DE LA CORRIENTE

En nuestra cultura frecuentemente escuchamos la frase "hay que ir a favor de la corriente". Aunque muchas veces eso no es un buen consejo, hay ciertas ocasiones en que sí lo es.

A finales de la década de 1940, cuando Dwight Eisenhower era presidente de la Universidad Columbia, uno de los problemas que enfrentó fue que los estudiantes ignoraban las trotadoras y pisoteaban el césped. Ignorando los muchos carteles de "prohibido pisar el césped", los estudiantes seguían tomando la ruta más conveniente para acortar camino entre una clase y otra. Como resultado, el pasto se arruinaba y se marcaban los senderos. Muchos de los oficiales del colegio fluctuaban entre el enojo, la frustración y la preocupación genuina por la apariencia del *campus*.

> "No escucharé a la razón... La razón siempre significa lo que alguien debe decir."
> **—Elizabeth Cleghorn Gaskell**

Eisenhower no hubiera llegado a ser comandante en jefe de los aliados durante la guerra, y luego presidente de los Estados Unidos, sin no fuera por su habilidad de ver las cosas desde ambos lados. Apareció con una solución simple, sencilla y factible: les dijo que se olvidaran de los carteles y vallados y que construyeran las trotadoras donde estaban las marcas del césped gastado. Entonces trasladaron las baldosas que no se usaban y en su lugar pusieron plantas y flores. Funcionó. Él fue "a favor de la corriente", y los resultados complacieron tanto a los administradores como a los estudiantes.

Creo firmemente que uno puede tener todo lo que quiere en la vida, si ayuda a los demás a tener lo que ellos quieren. Einsenhower ayudó a los estudiantes a tener lo que querían, que era un ruta rápida y directa para llegar a su próxima clase. La Universidad de Columbia tuvo lo que quería: un *campus* hermoso, limpio, prolijo y bien organizado.

La motivación de Einsenhower era buena, pero a veces lo que parece ser una buena motivación resulta ser cualquier cosa menos eso. Por ejemplo: un automovilista que se quedó estancado en el barro le pagó veinte dólares a un granjero que pasaba para que empujara el auto con su tractor. Aunque estaba agradecido por la ayuda, la que les llevó solo cinco minutos, sintió que la paga era un poco elevada. Con un cierto grado de sarcasmo en su voz dijo: "Si usted pone un precio así, me hace pensar que debe estar noche y día sacando gente del barro". A esto el granjero le respondió: "Bueno, no puedo hacerlo de noche porque allí es cuando le tiro el agua a ese pozo".

"La preocupación es como estacionar en doble fila en la avenida de la ansiedad."
—William Arthur Ward

Hay una cierta dosis de humor en todo esto, pero apuesto a que el automovilista no lo encontró tan gracioso.

Un caballero necesitaba un jardinero, entonces fue y publicó un aviso en el periódico. Como resultado recibió una carta sobre un hombre llamado Jones. El autor de la carta decía que Jones tenía un excelente conocimiento sobre jardinería y podía hacer crecer jardines de plantas o de flores. También describía otros atributos admirables de Jones. *Ese es exactamente la persona que yo preciso*, pensó el hombre que buscaba un jardinero. Pero continuó leyendo. Cuando dio vuelta la próxima carilla, leyó cuatro palabras de lo más tristes: "Pero no lo hará". Así es la vida, ¿no es cierto?

Como soy orador puedo identificarme con la siguiente historia. Un conferencista que tenía que hablar luego de la cena, quebró sus dientes postizos al morder un carozo de aceituna. El compañero que estaba sentado a su lado le dijo: “Quizás yo pueda ayudar”. Buscó en su bolsillo y sacó una prótesis dental, pero era demasiado grande. Un segundo juego de dentaduras era demasiado pequeño. El tercero cabía perfectamente. El orador, muy agradecido respondió: “Pensé que realmente estaba en problemas cuando quebré mi dentadura postiza. ¡Qué afortunado puede uno ser de sentarse justo al lado de un dentista!”

Su benefactor sonrió y dijo: “No soy dentista. Soy empresario de pompas fúnebres”.

Por si acaso este haya sido “uno de esos días” para usted, espero que estas historias cómicas le hayan agregado algo de alegría. Todos necesitamos reírnos habitualmente.

-MENSAJE-

La sabiduría, la risa, el sentido común y entender las necesidades de los demás, son cosas que edificarán una escalera sólida hacia la cima.

17

PALIZAS ¿SÍ O NO?

Durante muchos años, gente con buenas intenciones trató de convencer a los padres que no debían disciplinar a sus hijos físicamente, de modo que pudieran causarles cualquier incomodidad. Todos estamos de acuerdo en que abusar de un niño es incorrecto y dañino. A mí me "fajaron" varias veces cuando era chico, pero cada paliza fue el resultado directo de negarme a obedecer las instrucciones que mi madre me había impartido cuidadosamente. Después de cada paliza venía el abrazo. Ese es el mismo procedimiento que nosotros usamos al criar a nuestros hijos.

> "En el verdadero comienzo de ella -la sabiduría- está el deseo de disciplina; y guardar la disciplina es amor."
> **—La apócrifa**

A veces los chicos mismos "lo piden". Cuando mi hijo tenía alrededor de once años, estaba teniendo "uno de esos días". Estaba arisco, indiferente y rebelde en su naturaleza. Cada incidente de rebeldía era un indicativo de que buscaba disciplina por su conducta. Finalmente cruzó la línea: lo puse sobre mi regazo y le di un par de veces con mi cinturón –lo bastante fuerte como para que lo sienta, pero no tanto como para dejarle marcas–. Después le di un gran abrazo y le dije que lo amaba. Luego los dos lloramos.

Por el resto del día tuve un hijo feliz, amoroso y obediente. Los niños saben instintivamente cuándo se están pasando de la raya, y saben que cuando se comportan mal sufrirán las consecuencias. El Dr. James Dobson, altamente respetado psicólogo cristiano, dice que cuando un niño deliberadamente es desobediente y rebelde, resulta en una importante contienda que los padres no pueden evitar perder. Ahí es donde un enfoque autoritativo es importante. Un niño nunca debe ser castigado por tener un accidente tal como volcar la leche o dejar caer algo al suelo. Pero sí deben ser disciplinados, incluyendo una buena paliza, cuando son rebeldes. De lo contrario habrá graves problemas más adelante.

Es importante entender que disciplinamos a los niños por su propio bien. Castigamos a alguien cuando estamos enojados o perdemos los estribos. La disciplina es buena, el castigo es malo.

El columnista periodístico William Mattox Jr. dice que hay evidencias considerables de que cuando las amonestaciones bíblicas son seguidas, los resultados del castigo corporal son positivos. Usando el ejemplo de un estudio de una década de duración, sobre familias con hijos pequeños, publicado en 1996 por Diana Baumrind, de la Universidad de California-Berkeley, se descubrió que los padres que usaban un estilo disciplinario equilibrado de refuerzo positivo y control firme –incluyendo las palizas– lograron mejores resultados que aquellos que usaban un enfoque altamente autoritario o altamente permisivo. De forma similar, un reporte gubernamental de 1995 de Suiza, halló que el abuso de niños y la violencia juvenil de hecho habían aumentado dramáticamente, luego de que se había prohibido por ley castigar físicamente a los hijos en ese país.

"En un tiempo oscuro, el ojo comienza a ver."
—**Theodore Roethke**

"Y en un nuevo estudio fascinante recientemente publicado en el periódico académico, el *American Sociological Review*, Brad Wilcox de la Universidad Princeton, descubrió que los padres con creencias religiosas ortodoxas 'se caracterizan tanto por una disciplina estricta como por un estilo inusualmente cálido y expresivo en la interacción padre-hijo'. Según Wilcox, estos padres emplean 'un estilo neotradicional que no precisa de la vara ni tampoco del abrazo'."

Mattox luego dice que es importante notar que nadie sugiere que los padres deben ser rápidos para pegar o que el castigo corporal está recomendado en cada situación que requiere disciplina.

"Los chirlos deberían usarse principalmente como un recurso para corregir problemas persistentes y deliberados de conducta, que no se solucionan con medidas más blandas", recomienda Den Trumbull, un pediatra que sirvió en un destacamento especial de la Asociación Americana de Pediatras, la cual examinó las investigaciones sobre el castigo físico. "Es más eficaz con niños pequeños y preescolares –cuando el razonamiento es menos efectivo– y no debería ser administrada impulsivamente o cuando los padres están fuera de control."

"Irónicamente, uno de los grupos menos propensos a cuestionar los beneficios de las palizas, son los niños cuyos padres han usado ese método responsablemente. Según una encuesta de 1996 sobre mil estadounidenses llevada a cabo por la firma Voter/Consumer Research, más de cuatro cada cinco personas que recibieron palizas cuando eran niños, reportaron que fue una forma de disciplina 'eficaz'", dice Mattox.

-MENSAJE-

La disciplina es algo que hacemos por los niños; el castigo es algo que les hacemos a los niños.

18

TRABAJO EN EQUIPO

La escuela elemental Briceville tiene solo ciento cuarenta alumnos en los grados K-5 [corresponde al quinto grado], pero en solo siete años se han hecho una reputación nacional. Un artículo de Morgan Simmons en el *News-Sentinel* de Knoxville, Tennessee, identificó la escuela como uno de los ochenta y ocho colegios en la nación honrado con el Título Uno de las Escuelas Distinguidas. La directora de Título Uno, Sally Jackson, dice que ellos ganaron el premio porque "los estudiantes han superado los objetivos académicos en los últimos tres años".

"Nada es tan firmemente creído como aquello que menos conocemos."
—Michel Eyquem de Montaigne

Los logros académicos son impresionantes, pero el impacto en su propia ciudad y en las ciudades vecinas es todavía más apasionante. La escuela está ubicada a unos seis kilómetros hacia el sur de Lake City en la carretera estatal 116 en el centro de la región carbonera de Tennessee. Es cierto, esa es la parte de Estados Unidos comúnmente conocida como Apalachia, y de las escuelas ubicadas allí no se espera lo que esta comunidad, escuela, padres y maestros han logrado. Los porcentajes de lectura han aumentado un treinta y uno por ciento en los últimos cuatro años, y la competencia de los estudiantes en las matemáticas se ha elevado al cincuenta y ocho por ciento en los últimos cinco años solamente. La señora Jackson adjudica los resultados drásticos a la combinación de la familia, participación de la comunidad, el liderazgo del director, y el trabajo de un equipo dedicado y calificado.

Por muchos años, con la decadencia de la industria minera-carbonera, la población de Apalachia estaba decayendo también, y la economía estaba en una situación desesperada. En el otoño de 1992 los funcionarios de la escuela y los miembros del equipo de Título Uno, se embarcaron en una serie de revisiones que convirtió al colegio en un modelo para seguir, y también la establecieron como el centro comunitario. El liderazgo de la ciudad se unió con todas las partes involucradas, y por dos días establecieron las nuevas metas de la escuela. Identificaron los beneficios, luego los obstáculos, y diseñaron programas para superar esos obstáculos. Tomaron una postura de "amor duro", y contrataron a los mejores docentes para que se unieran al *staff* existente. Aquellos que no podían alcanzar los nuevos estándares no permanecieron por mucho tiempo.

"Decir es una cosa, y hacer es otra."
—Michel Eyquem de Montaigne

Aún más importante, comenzaron una campaña agresiva para logar que todos se involucren en el proceso educacional, especialmente los padres. Ellos tenían las puertas abiertas, pero muy pocos asistían. Enviaron notas a los hogares, pero eso no funcionó tampoco. Entonces tomaron la medida más efectiva de todas: el *staff* comenzó a hacer llamadas telefónicas y hasta visitas personales. Se creó un comité de consejería para padres, para servir como puente entre la escuela, los padres y la comunidad.

En 1994, la organización Padres-Hijos juntó suficientes fondos para construir un área de juegos. Hoy ese es el eje de la actividad de la comunidad. Los alumnos de Briceville y toda la ciudad usan las mesas de picnic, las hamacas y la pista de atletismo. Los picnic de los días domingo son famosos, y las familias de reúnen en torno a las mesas, para compartir. Al final, cada persona hace su parte en juntar toda la basura.

El gimnasio se ha convertido en un centro comunitario de recreación para toda actividad, desde clases de aerobics y lecciones para porristas, hasta juegos de básquetbol. Se ha instalado un nuevo sistema de aire acondicionado. Con dinero de una beca tecnológica, la escuela ha construido un multimillonario centro de medios junto a una biblioteca. Está bellamente equipado con cámaras digitales, escáners, computadoras y una pantalla gigante.

Pero la historia no termina allí: los preescolares y padres de Briceville y de los centros carboneros aledaños, tales como Petros y Coalfield, vienen a la escuela elemental Briceville una vez por semana para tomar clases de desarrollo y salud. Los resultados han sido espectaculares. Se han derribado las paredes, y hay un sentido de camaradería y espíritu de equipo con todos en los alrededores. Ken Phillips, uno de los padres voluntarios cuya hija, Lindsay, asiste a primer grado en Briceville, dice que el cuerpo docente es excelente y que esperan que los alumnos aprendan mucho. Lo fundamental, dice, "es que puedes decir que los cuidan y los aman".

La escuela primaria Briceville demuestra lo que puede hacerse cuando los directivos se unen a los padres, maestros, alumnos y la comunidad entera. Hay un modelo para cada una de nuestras escuelas y ciudades.

-MENSAJE-

El liderazgo, la planificación y la participación comunitaria dan vida, esperanza y sentido a la observación de que "no hay situaciones desesperanzadas, solo gente que pierde la esperanza ante la situación que le toca vivir".

19

EL VALOR DE LA RESPONSABILIDAD

El fabuloso *best seller Customers for Life* [Clientes de por vida], publicado por Doubleday y escrito por Carl Sewell y Paul B. Brown, brinda información fascinante. Los autores sostienen que tener inspectores para comprobar la calidad de los repuestos colocados en los autos por parte de los técnicos, hace que estos se vuelvan descuidados. Ellos probaron que cuando los inspectores hacen la revisación final, la gente que debe hacer bien el trabajo se relaja y es más propensa a ser descuidada, porque saben que alguien captará algún error que cometan. Los inspectores también cometen errores, y la experiencia demostró que las reparaciones y los resultados declinaron cuando se agregaron inspectores.

> "Creo que cada derecho implica una responsabilidad; cada oportunidad, una obligación; cada posesión, un deber."
> **—John D. Rockefeller Jr.**

La automovilística Sewell asegura que su calidad de trabajo es ahora mejor, porque la gente se siente responsable por su desempeño y les agrada esa responsabilidad. Su sentir y política es que si un trabajo tiene que ser rehecho, es que la persona que cometió el error es quien debe repararlo, y que no debería recibir doble paga por el mismo trabajo. Eso es justo, ya que los reclamos no solo dañan al cliente, sino también a la compañía. El personal de Sewell entiende claramente que una planta operaria pobre afecta a todas las partes. La reputación de la empresa se empaña, y la compañía tiene que seguir pagando la luz, el agua, la renta y los impuestos mientras hacen las reparaciones en forma gratuita para el cliente.

Lo fundamental es que los técnicos son quienes deben rendir cuentas y, como resultado, son más cuidadosos. A los clientes les gusta el hecho de que raramente tengan que devolver algún auto para reparación. Sin embargo, el Señor Sewell cándidamente admite que a veces no es culpa de los técnicos. Por ejemplo, puede instalarse una lamparita, y puede funcionar bien por las próximas veinticuatro horas y luego dejar de funcionar. Él asegura que trabajó como inspector y revisó muchos autos que estaban en perfectas condiciones cuando abandonaron la planta, pero vinieron de vuelta porque las reparaciones no resistieron.

Obviamente, ninguna organización que venda el número de autos que la empresa Sewell vende, va a fabricar cada pieza perfectamente. Pero aprendieron hace algún tiempo que al cliente no le importa lo que causó el problema o cuánta gente aprobó la reparación. Si el trabajo no está bien hecho, él traerá el auto nuevamente.

Las buenas noticias son que en vez de encogerse de hombros y decir que "siempre hay errores", mantienen un control estricto sobre el trabajo que tiene que ser rehecho y, "después de arreglar el trabajo para el cliente, trabajamos para arreglar la falla en nuestros propios sistemas, que permitieron que el problema se nos escapara". El Señor Sewell dice que eso es importante porque "descubrimos hace un tiempo que si solamente respondemos a los problemas, nuestra calidad se resiente. Seguro, tenemos que reparar los problemas. Pero si eso es todo lo que hacemos, vamos a seguir teniendo las mismas dificultades una y otra vez. Es mucho más eficaz descubrir la causa del problema en primer lugar. Hacemos lo que a veces se describe como 'un análisis de causa-raíz'".

Ese criterio resolverá los problemas en la familia, escuela, iglesia, comunidad y aún en la nación. Un ejemplo de ese enfoque es el siguiente: Sewell tenía un técnico que hacía un trabajo maravilloso, excepto por algo. Cada vez que reparaba un inyector de combustible, nunca lo hacía del todo bien. La investigación reveló que nunca había aprendido la manera correcta de arreglarlo. Entonces los demás le enseñaron cómo hacerlo. Sewell cita a Deming, quien dice: "Solo puedes saber lo que sabes". Desde que identificaron el inconveniente y se ocuparon del entrenamiento, ese técnico ha sido casi perfecto en resolver los problemas de los inyectores de combustible. Ahora todos están felices: la empresa, el técnico y, lo más importante de todo, el cliente.

Cuando los clientes están constantemente felices, se convierten en clientes fieles. Esa es la razón por la cual las compañías Sewell son tan exitosas. Su objetivo es hacer que todo el que pasa por sus puertas sea un cliente de por vida.

-MENSAJE-

El cliente puede no siempre tener la razón, pero si usted quiere conservarlo como cliente, deberá hacer todo los esfuerzos por hacer las cosas bien.

20

LO VIERON POR TV

El ejemplar del 1 de julio de 1999 del periódico *The Dallas Morning News,* contaba la trágica historia de un niño de siete años que mató a su hermano de tan solo tres años, con una toma de lucha que había visto en televisión. Los luchadores usan esa toma porque están cuidadosamente entrenados y experimentados en cómo hacerla. En la mayoría de los casos, aunque sus "víctimas" se retuercen del dolor y quedan indefensos ante el agresor por cuatro o cinco caídas, se recuperan prontamente y continúan con el ataque.

> "La dirección en que la educación encamina a un hombre, determinará su vida futura."
> —**Platón**

El detective policial Dan Lesher, al investigar la tragedia, dijo: "Uno debe supervisar lo que los niños miran por televisión. Los padres son responsables por lo que sus hijos ven". Las autoridades locales dijeron que no están al tanto de otras muertes o daños graves que tengan relación con películas de lucha, pero la policía y el Dr. Jeffrey Bernard, jefe de médicos examinadores del condado de Dallas, dijeron que ellos conocían un "puñado" de muertes similares o daños severos en otros Estados, en los que había niños implicados.

Hace varios años, un niño mayor en Oklahoma mató a su hermano menor a los golpes, sin darse cuenta del daño fatal que le estaba provocando, ya que en la televisión los personajes siempre se levantaban y continuaban con el juego. Y ahora la Internet, que contiene más de un millón de sitios con pornografía explícita, con mil nuevos sitios pornográficos que aparecen on-line cada día, hace una notable contribución al problema.

Solución:

1. Los padres deben *tomar tiempo* e involucrarse más con sus hijos. Para un niño, amor se deletrea T-I-E-M-P-O. Una de las mejores y más sencillas maneras de pasar tiempo con sus hijos, es hacerse la tradición familiar de comer varias comidas juntos a la semana, especialmente la cena. Cuando la familia almuerza o cena junta, los chicos tienen mejores calificaciones en la escuela y son menos propensos a involucrarse en violencia, drogas, etc.

> "La juventud es enteramente experimental."
> **—Robert Louis Stevenson**

2. Nuestra cosmovisión interna influencia nuestra perspectiva en la vida, y nuestra perspectiva determinará nuestro rendimiento. El número de horas que un adolescente típico de dieciocho años ha pasado mirando televisión, escuchando música y sintonizando MTV y los videojuegos, es astronómico. Los padres deberían restringir el tiempo de televisión, y mirar con ellos sus programas favoritos para luego poder charlar sobre los temas que surgen. Los padres deben recordar que lo obsceno es obsceno e inaceptable, sea cual fuere la edad.

3. Los niños deben ver a sus padres como modelo a imitar. Los mayores deberían permitir que sus hijos los vean leyendo libros y revistas de valor, y luego conversar sobre los artículos apropiados para ellos. Hoy hay muchos libros con historias cortas, llenas de lecciones y valores morales. Leer esas historias en la mesa y considerar los temas es una manera formidable de enseñar valores de vida.

4. Deben fijarse normas. Si algo es ilegal o inmoral, está fuera de discusión. Si es peligroso, la pregunta a considerar sería las posibles ganancias versus las posibles pérdidas. Por ejemplo: una

de nuestras hijas quería hacer paracaidismo. Aplicamos ese criterio con nuestra hija, y ella decidió no hacerlo.

5. La violencia hoy se demuestra en una carrera en la ruta, cuando la gente se convierte en una criatura diferente al estar detrás de un volante y llega a violar los derechos de los demás. El padre que usa un detector de radares está enviándoles a sus hijos un mensaje inconfundible que dice que si han de quebrantar la ley, "mas vale que sean astutos, como su padre o su madre. ¡Muéstrenles que pueden ser más astuto que la ley!"

6. Debemos insistir para que la educación sobre el carácter se instale en los sistemas escolares. Es ridículo sostener que no podemos enseñar valores como la honestidad, responsabilidad, formalidad, trabajo arduo, integridad y un montón de otras cualidades que nada tienen que ver con religión, aunque son enseñadas por todas las religiones principales.

Esas son solo algunas pocas cosas que podemos hacer, pero harán una gran diferencia. Si los padres y educadores enseñan cosas buenas, hay menos posibilidades que la violencia y otro tipo de conductas antisociales continúen su curso.

-MENSAJE-

Usted es lo que es, y está donde está por causa de lo que ha entrado en su mente. Puede cambiar lo que es y el lugar donde se encuentra, cambiando lo que entra en su mente.

21

¿POSITIVO O NEGATIVO?

Por regla general, los Estados Unidos se divide en tres grupos: los positivos, los negativos y los realistas. Es mi convicción que los que son optimistas y positivos realmente son los realistas.

Para empezar, mi diccionario de 1828 Noah Webster no contiene la palabra *pesimismo*, aunque sí contiene el término *optimismo*. El pesimismo y el optimismo son relativamente neologismos, creados posiblemente por los súper sistemas de comunicaciones que hemos desarrollado en los últimos ciento cincuenta años. Muchas de las noticias especiales en los medios de comunicaciones son de naturaleza negativa. De hecho, J. Allan Petersen, en su publicación *Better Families* [*Mejores familias*], dice: "Hay un negativismo dominante que nos ha afectado e infectado a todos. La humanidad es propensa a una actitud mental negativa".

> "Una gran llama es lo que sigue a una pequeña chispa."
> **—Dante Alighieri**

Las conversaciones son con frecuencia negativas, críticas, y contienen habladurías. Y esas cosas corren como reguero de pólvora entre amigos y conocidos. Esta clase de conversación negativa es más destructiva de lo que podemos llegar a imaginar. Es cierto que "una manzana podrida pudre al resto". Pero la buena noticia es que una persona esperanzada, motivada y entusiasta que sonríe y tiene una disposición alegre, puede elevar la mirada y el sentimiento de los que están a su alrededor.

He observado que el pensamiento negativo, al cual lo llamo "pensamiento podrido", es más contagioso que la gripe. Una persona que transmite una observación negativa en un grupo, saca a relucir los pensamientos negativos de todos los presentes. Eso puede terminar en una fiesta lastimera. Por el contrario, un comentario positivo de tan solo una persona puede avivar el fuego para otros pensamientos positivos. Antes de que se dé cuenta, un grupo de gente optimista estará hablando en una manera positiva. Como nadie jamás ha podido demostrar que el pensamiento negativo produce mejores resultados que el pensamiento positivo, obviamente, el pensamiento positivo es el más conveniente.

"La murmuración es maliciosa, liviana y fácil de provocar, pero dolorosa de cargar y difícil de deshacerse. Ninguna murmuración se desvanece por completo, si mucha gente la expresa: eso también es una clase de divinidad."
—**Hesíodo**

El Dr. Peterson continúa diciendo: "Las investigaciones muestran que por cada pensamiento negativo que usted le dice a un niño, debe decirle cuatro positivos para ayudar a mantener el equilibrio". Y aún así, enfatizamos más las fallas y los errores. Somos muy lentos para halagar. Eso es lamentable, ya que mucha gente ha expresado que un cumplido sincero les carga las baterías y los mantiene andando por varios días. Eso es importante, ya que muy pocas personas seguirán trabajando en un ambiente negativo si tienen otras opciones.

En cualquier economía, que un empleado productivo abandone su trabajo es algo muy costoso. Para reemplazar a una persona productiva uno debe poner avisos, entrevistar mucha gente y pasar por la experiencia de gastar tiempo y dinero en examinar y calificar, antes de poder hallar un reemplazo adecuado. Un ambiente positivo, un simple "gracias por hacer bien el trabajo", un enfoque cálido y amistoso, todos esos son procesos positivos y amigables que reducen el movimiento de empleados y mejoran los resultados finales.

Necesitamos volver a las frases positivas que han sacado a las personas fuera de su depresión por años. Esto incluye declaraciones como ser: "Si la vida te entrega un limón, hazte una limonada con él" o "Cada nube está revestida de plata". El Dr. William James, el padre de la psicología, dice que el descubrimiento más importante de nuestros tiempos es que podemos afectar nuestras vidas al cambiar nuestras actitudes. Señala que la actitud es una elección; podemos elegir mirar las cosas en un tono positivo, o elegir mirarlas desde un lugar negativo. Cuanto más tomemos el enfoque negativo y discutamos nuestros problemas y las dificultades de la sociedad, más problemas tendremos para discutir. Es increíble lo que el enfoque optimista hará para mejorar nuestras vidas personales, familiares y la sociedad en general.

-MENSAJE-

El fallecido Cavett Robert observó que tres mil millones de personas se van a dormir con hambre cada noche, pero cuatro mil millones se van a dormir famélicas de una palabra de aliento y cuidado. Asegúrese que no sea el caso de su hijo, hija, esposo, esposa o socio.

22

FUE UN PRIVILEGIO

Recientemente fui parte de la audiencia de un programa de televisión que trataba acerca de cómo resolver algunos de los problemas de nuestra sociedad actual. El foro abierto tenía como protagonistas a los extraordinarios entrenadores de fútbol americano, D. W. Rutledge y Dennis Parker. El tercer participante era el ex Jefe de Policía de Dallas, Ben Click, y el cuarto era un ex ministro y educador, el Reverendo Russell White.

> "La mismísima fuente y raíz de la honradez y virtud yace en una buena educación."
> —**Plutarco**

De los entrenadores aprendimos que ellos no entrenan fútbol, más bien entrenan jovencitos y les enseñan cómo jugar fútbol. El entrenador Parker dijo que nunca un ex jugador suyo le había dicho: "Gracias, entrenador, por enseñarme a arrojar la bola; eso cambió mi vida". Pero sí muchos le habían dicho: "La historia que nos contó o la lección que nos dio sobre cierto tema, tuvo un impacto significativo en mi vida, y solo quería agradecerle".

El entrenador Rutledge hizo hincapié en que debemos mostrarles a los jugadores que estamos interesados en ellos como personas, que genuinamente nos interesa lo que hacen en sus vidas y su estudio. El objetivo de ambos entrenadores no solo era ganar partidos, sino hacer a los jovencitos exitosos en sus vidas personales.

Cuando el entrenador Parker se hizo cargo del equipo de Marshall, Texas, el mismo no había ganado una final desde 1949. Sus primeros tres años fueron de reconstruir, y el equipo estaba 11-19. Sus últimos cuatro años estuvieron 45-3 y 14-1 en las finales, y fueron campeones estatales en 1990.

En 1984 el entrenador Rutledge asumió el mando de un equipo que era el "felpudo" en el fútbol 5-A [N. de la T.: En los Estados Unidos se llama así a una categoría que tiene que ver con la cantidad de alumnos del colegio]. En 1988 fueron campeones estatales y desde 1990 han sido tres veces campeones en su Estado, y quedaron segundos en tres ocasiones. Su récord general, incluyendo el comienzo lento, es 184-23-5. Aparentemente sus sistemas funcionan.

"Solo los instruidos son libres."
—Epíteto

Russ White era reconocido por sus logros en el Club Tagle del Estado de Nueva Jersey, donde alcanzó varios logros extraordinarios trabajando con jóvenes en el interior de la ciudad. Comienza trabajando con ellos a la edad de los once años, y para los quince ya tienen una nueva actitud de confianza. Lo primero que les exige es que se corten el cabello, de modo que les dé una apariencia de trabajo y muestre un respeto personal por sí mismos. Les hace decir "gracias", "por favor", "sí, señor" o "no, señor" y "sí, señora" o "no, señora". Los abraza y les hace sentir claramente que está interesado en hacerlos adultos, no niños rebeldes. Él cree de todo corazón que puede tomar a estos chicos desvalidos, y hacerlos ganadores y campeones.

El Jefe de Policía Ben Click es una vuelta a los viejos tiempos del cumplimiento de la ley. Ha sido policía por treinta y cinco años, y ha visto cómo algunos cambios preocupantes han tenido lugar en nuestra sociedad. Asegura que no podemos crear suficientes leyes o emplear tantos policías como para hacer frente a la situación criminal actual. Debemos trabajar con los padres y con la comunidad; debemos enseñarles a los jóvenes que los amamos sinceramente, y que ellos deben aceptar sus responsabilidades.

Habló con amor y pasión sobre su compromiso con el cumplimiento de la ley, el cual por cierto es un compromiso de proteger los derechos de los ciudadanos y darles a nuestros jóvenes oportunidades de crecer seguros y tener vidas exitosas.

Un destacado joven llamado Brandon habló sobre lo que aprendió en las actividades de los *scouts*, y cómo eso le había ayudado. Yo le comenté que el juez Elvin Brown de Norman, Oklahoma, un veterano de veinte años de trayectoria judicial, me había dicho que nunca había tenido un joven frente a él que hubiera pasado un año o más en los grupos *scouts*.

Una observación astuta fue la del granjero que, cuando un vecino le dijo que no tenía que hacer trabajar tan duro a sus hijos para cosechar los granos, respondió que él no estaba cosechando granos: estaba cosechando jóvenes. Sí, la disciplina con amor, mostrar interés y dar esperanza, fueron los temas subyacentes durante todo el programa.

-MENSAJE-

A los niños no les importa cuánto usted sabe, mientras que ellos sepan cuánto a usted les importa su vida.

23

LO QUE PODRÍA HACER SI NO SUPIERA QUE NO PUEDE

Hace muchos años, cuando me empapé del asunto del pensamiento positivo, la inspiración y motivación, leí acerca de un hombre que quedó atrapado debajo de su auto cuando el gato hidráulico se le resbaló. Su esposa, que era una mujer de contextura y fuerza normal, levantó el auto lo suficiente como para que él pudiera deslizarse arrastrándose de debajo del vehículo.

> "Nunca hacemos nada bien hasta que dejamos de pensar en la manera de hacerlo."
> **—William Hazlitt**

Había mucha especulación sobre cómo pudo ella hacerlo, porque todos dudaban de que pudiera elevar el auto nuevamente. Algunos decían que pudo levantar el auto porque no tenía idea de lo que podía o no hacer, y su subconsciente "irrumpió" y suplió las fuerzas necesarias. Otros decían que el amor levantó el automóvil por causa de que la vida de su esposo, el hombre que amaba, estaba en peligro, permitiéndole levantar el auto. Habrá algunos que contenderán que fue porque ella era una especialista en matemáticas y conocía la fórmula que (ella + Dios = suficiente), y con la ayuda de Dios pudo alzar el vehículo.

Cual haya sido la razón, ella fue capaz de hacerlo. Eso nos hace preguntarnos cuántas cosas haríamos si no supiéramos que no podemos hacerlas. Muchas personas nunca hacen un esfuerzo serio de alcanzar objetivos valiosos, porque presuponen que no podrán alcanzarlos.

Aquí hay otra historia que nos demuestra lo que aun un pequeño esfuerzo puede producir. Sir Walter Raleigh asistía a una escuela prestigiosa cuando era joven. Era un estudiante excelente y quería ser número uno en su clase. Sin embargo, un muchacho casi terminó delante de él, entonces decidió descubrir cuál era el secreto. Cada noche, cuando se preparaba para ir a dormir, miraba a través de la rendija entre el suelo y su puerta, que separaba su habitación de la de su competidor, y notó que la vela de él seguía encendida. Una noche se dio cuenta que el otro muchacho estudiaba solo quince minutos más de lo que él hacía. Luego de eso, Sir Walter Raleigh estudió un tiempo extra de veinte minutos cada noche. Al término del año él era el estudiante número uno.

"La eternidad fue en ese momento."
—**William Congreve**

Muchas veces me he preguntado cuántos estudiantes pierden una beca de estudios porque no estudiaron un adicional de veinte minutos diarios. Las investigaciones muestran que más del noventa y ocho por ciento de las becas son académicas o económicas, entonces algunos estudiantes meritorios las pierden no por falta de habilidad, sino por falta de esfuerzo. Muchas veces las personas se frustran porque las promociones o nombramientos no llegan tan rápido como pensaban, así que saltan del barco cuando la promoción los esperaba justo a la vuelta de la esquina.

En el campo de los deportes, todos hemos visto al atleta exhausto cerca del final del juego, que se queda sin fuerzas y pierde porque no se ha esforzado con regularidad para llegar en las mejores condiciones al evento. Es verdad, como dijo Joe Frazier, el ex campeón mundial peso pesado: "Tú puedes hacer trampa en tu entrenamiento y nadie lo sabrá hasta que estés en el *ring*;

entonces las luces brillantes expondrán tu falta de entrenamiento a los ojos del mundo". Es cierto. Un pequeño esfuerzo extra es lo que separa a los ganadores de los "pudo-haber-sido".

Con frecuencia he usado la frase "y también algo más", señalando a mis audiencias que debemos cumplir cada promesa, *y también algo más*; darles a los clientes todo lo que esperan, *y también algo más*; darle a lo que hacemos un esfuerzo honrado, *y también algo más*. Aprendí esas palabras por primera vez del ex secretario de estado James Byrnes, quien usaba esa frase cada vez que alguien le pedía que explicara su éxito en la vida y el campo político. Creo que ese pequeño esfuerzo extra, ese ir más allá de lo que son para hacer lo mejor que pueden con lo que tienen, *y también algo más*, es lo que separa a los exitosos de los "sería-exitoso-si...".

-MENSAJE-

Cuando recorremos la milla extra, raramente nos retrasaremos por un embotellamiento.

24

LOS PADRES HACEN LA DIFERENCIA

Un estudio reciente del Centro de Adicciones y Abuso de Sustancias (CASA, por sus siglas en inglés) descubrió que los padres son la clave para mantener a los hijos alejados de las drogas. No obstante, señalan que simplemente el hecho de tener una madre y un padre, no es una solución en sí misma; pero que lo que la madre y el padre hacen es importante. Esa importancia aumenta dramáticamente cuando ambos toman tiempo para construir relaciones con sus hijos adolescentes. Comienza por amarlos incondicionalmente, no porque son lindos, o porque son obedientes, etc. Cada vez que usted ponga una condición a su amor, estará criando un hijo inseguro. Los niños inseguros típicamente buscan malas compañías y se involucran en actividades destructivas. Lleva tiempo construir relaciones con los hijos. Ellos necesitan saber que su puerta para conversar siempre estará abierta para ellos.

> "El mayor placer que conozco es hacer una buena acción a escondidas, y que se enteren por casualidad."
> —**Charles Lamb**

Las encuestas muestran que los adolescentes son más propensos a hablar con la madre que con el padre. Padres, lleva tiempo construir relaciones con sus hijos. Menos TV y más hablar y escuchar son fundamentales. Comer juntos hace una gran diferencia. Aún dos o tres comidas juntos a la semana reducirán el riesgo de uso de drogas, actividad sexual y hechos violentos.

Dicho sea de paso, el setenta y uno por ciento de los adolescentes reportan tener una excelente o muy buena relación con sus madres, mientras que solo el cincuenta y ocho por ciento dicen tener buena relación con sus padres. El doble de los adolescentes dicen que es más fácil hablar con mamá que con papá, y también el doble de los adolescentes que dicen nunca haber usado marihuana, le dan el crédito a la madre por esa decisión. Los adolescentes son tres veces más propensos a confiar solamente en la madre que en el padre, cuando tienen que tomar decisiones importantes. Los padres deben involucrarse más, pero son las familias con ambos padres las que tienen más oportunidades de mantener a sus hijos lejos de las drogas.

> "Ningún joven cree que alguna vez morirá."
> **—William Hazlitt**

Otros estudios indican que si comenzamos el día adecuadamente y lo finalizamos adecuadamente, el tiempo entre medio será mejor. Levantarse tan solo diez minutos antes y despertar a los niños lenta y amorosamente, es infinitamente mejor que las rutinas de último momento que contienen desayunos rápidos o ningún desayuno, mal humor y el estrés, y la ansiedad que acompañan a una familia que corre de aquí para allá. Esos minutos extra le darán a la familia un desayuno más relajado y tiempo para ser amorosos y afectivos unos con otros. Al momento de ir a dormir, apaguen el televisor y escuchen esas incontables preguntas ridículas diseñadas principalmente para retrasar el tiempo de dormirse. Luego de unos minutos de tonterías, la charla frívola termina y es allí cuando su hijo revela lo que está en su corazón, y el vínculo se afianza.

¡Buenas noticias! El veintitrés por ciento de los adolescentes hoy dicen que las drogas son uno de los mayores problemas; el año pasado era un veintinueve por ciento, y un treinta y cinco por ciento hace dos años. Los chicos que concurren a escuelas donde las drogas pueden conseguirse fácilmente, están dos veces más en riesgo de abuso de sustancias que aquellos que asisten a escuelas libres de drogas; casi tres veces más en riesgo de fumar cigarrillos, tres veces más en riesgo de haber probado marihuana, y dos veces más en riesgo de conocer a otro adolescente que usa heroína o cocaína.

Lo interesante es que el setenta y cinco por ciento de los estudiantes de colegios católicos y otras instituciones religiosas, dicen que su escuela es libre de drogas, comparado con el cuarenta por ciento de los estudiantes de instituciones públicas. Joseph Califano, ex Secretario de Salud, Educación y Bienestar, dice: "El poder de los padres es también una clave para que las escuelas estén sin drogas. Cuando los padres se muestran tan interesados en que el colegio esté libre de drogas como se muestran interesados en que estén libres de asbesto, entonces tendremos colegios sin drogas en los Estados Unidos".

Estoy de acuerdo con eso, pero se sigue refiriendo a los padres y su relación con sus hijos. El ejemplo que les dan, y si fuman o beben, tiene una fuerte consecuencia sobre el uso de drogas en sus hijos. Esa es una increíble responsabilidad, pero confío en que los padres que leen esto "harán lo que sea" para mantener a sus hijos lejos de la jungla de las drogas.

-MENSAJE-

Los padres hacen la diferencia; y los padres que dan el ejemplo y hablan y escuchan los asuntos de interés y las preocupaciones de sus hijos, son quienes hacen la mayor diferencia.

25

¿POR QUÉ HAY NIÑOS QUE MATAN NIÑOS?

> "El justo se ve coronado de bendiciones, pero la boca del malvado encubre violencia. La memoria de los justos es una bendición, pero la fama de los malvados será pasto de los gusanos"
> —**Proverbios 10:6-7**

Las investigaciones del FBI indican que los "niños que matan niños" tienen dos cosas en común, ya sea en Pearl, Mississippi; Paducah, Kentucky; Jonesboro, Arkansas; o Littleton, Colorado.

Primero: esos chicos raramente, si alguna vez, fueron a una iglesia donde podrían haberles enseñado los Diez Mandamientos, o podrían haber oído el mensaje "sean bondadosos unos con otros", la Regla de Oro y otras enseñanzas que ayudan a desarrollar ciudadanos respetuosos de la ley.

Segundo: ellos con frecuencia jugaron a videojuegos interactivos, donde practicaban "disparar" a sus víctimas, las cuales estaban tan bien logradas que eran semejantes a personas reales. Sangraban, gritaban, exhibían el dolor de haber recibido un disparo. El sentido de "abatirlas" era muy real, por eso ellos vivían en la fantasía de sus propias mentes. En el proceso eran desensibilizados, y no se daban cuenta de las consecuencias de sus acciones a largo plazo. Estaban en control y perdiendo sensibilidad al valor de la vida humana, hasta que llegó el punto en que –para ellos– no tenía valor en absoluto.

Los asesinos eran en muchos sentidos "inadaptados", y no tenían aceptación de parte de sus pares. Su única exposición a las enseñanzas de la Iglesia era a través de la imagen de los creyentes que proyecta la televisión, las películas e Internet. El poder y la violencia son dos trampas atractivas para un adolescente con problemas, que ha sido alimentado del concepto de poder, combinado con odio y temor así como también con ira.

> "La no violencia es el primer artículo de mi fe. También es el último artículo de mi credo."
> —**Mahatma Gandhi**

Aunque parezca increíble, uno de los estudiantes de Columbine nunca antes había disparado un arma. Y aún así, por la realidad virtual en los videos interactivos, había sido cuidadosamente enseñado en una manera muy efectiva de disparar. Cada uno de sus primeros ocho tiros dio justo en el blanco, excepto la vez que dijeron que había víctimas sobrevivientes. Un agente del FBI con muchos años de experiencia me dijo que dudaba que aún con su entrenamiento y horas en los polígonos de tiro, él pudiera haber disparado tan bien. En síntesis, no solo los chicos fueron desensibilizados, sino que también fueron entrenados para matar.

En un estudio de doce años de duración sobre el robo a bancos, llevado a cabo por el FBI de Dallas, una cosa fue consistente en cada robo. Muchos tenían los factores anteriormente mencionados –los ladrones rara vez, si alguna, fueron a una iglesia, y habían visto montones de videos y películas de violencia–, pero el tercer factor fue su fascinación con la pornografía violenta. En la pornografía violenta, el hombre está en control; él domina, él es el jefe y él es el que manda a los demás. Cuando los ladrones entraban a los bancos con sus pistolas, ellos estaban en control: "Ahora soy el jefe; tú harás lo que yo diga. Obedeces o te vuelo los sesos".

Cuando una persona ha sido saturada de contenido violento, y está convencida de que la vida es injusta y se siente rechazada, a menudo se vuelca a actos violentos. Lo más extraño es que muchas personas, llevadas por los medios de comunicación, niegan que mirar pornografía o actos violentos en videos o televisión tenga algo que ver con su conducta. El sentido común dice otra cosa.

La acción a tomar: prohíba los videos interactivos violentos en su casa. Conozca a los amigos de sus hijos y averigüe si esa clase de videojuegos se usan en sus hogares cuando su hijo está presente. Es cierto que usted no puede controlar todo, por eso es que debe dar una buen ejemplo desde la infancia. Esta idea de que algunas cosas son "solo para adultos", es absurda. La obscenidad, la violencia y los actos profanos no benefician a nadie, sin importar la edad. Los padres deben dar el ejemplo al no mirar sexo gratuito y violencia por televisión, y explicarles a sus hijos en una forma amorosa por qué no deben mirarlos tampoco. Si ellos han sido enseñados desde la infancia temprana, eso nunca será un problema cuando sean adolescentes. Sea proactivo y proteja a sus hijos.

-MENSAJE-

Sus hijos prestan más atención a lo que usted hace que a lo que dice.

26

LA MONTAÑA RUSA DEL PESO

Cuando tenía cinco años, Rosalie Bradford sintió el dolor del abandono y halló refugio en la comida. Pesaba aproximadamente ciento trece kilogramos, cuando conoció a su esposo. Para el tiempo en que nació su hijo Rob su peso había trepado a casi ciento setenta kilos. Prefirió ser una madre que se queda en su casa y empezó a ingerir diez mil calorías por día. Pesaba ya unos doscientos veinticinco kilos, para el tiempo en que Rob finalizó el jardín de infantes.

> "El deseo de conocimiento, como la sed de riquezas, aumenta cada vez con la adquisición de ellos."
> **—Laurence Sterne**

Para esa altura ella decidió quedarse en cama y su peso continuaba subiendo. En 1970, cuando ingresó al hospital para un bypass intestinal, se precisaban dos camas unidas para contenerla. Las complicaciones postoperatorias resultaron en una infección sanguínea que le puso una pierna morada y luego verdosa, que le hizo subir la temperatura a más de cuarenta grados. La pierna precisó veinte cirugías y le causó considerables dolores y frustración.

Cuando le dieron el alta del hospital, Rosalie fue a casa y tomó una "siesta de ocho años". Ella continuó aumentando de peso; su esposo tuvo que dejar su trabajo y dedicarse a cuidarla a tiempo completo. A esta altura de su vida, ya no era que simplemente quería comer: se había vuelto adicta a la comida. Estaba demandante y castigaba a su esposo y a cualquiera que se negara a traerle alimentos cuando ella los solicitaba. A lo largo de toda la terrible experiencia su esposo oraba por ella. Pero nunca pensó en abandonarla porque, decía, sentía que "cuando te casas, te casas con esa persona 'hasta que la muerte los separe'".

"Vive como desearás haber vivido cuando te estés muriendo."
—Christian Furchtegott Gellert

Para 1988 Rosalie pesaba quinientos cuarenta y cinco kilos y tenía una circunferencia de aproximadamente dos metros y medio. Bañarse era un ritual de una hora y media, y todo parecía no tener esperanzas. A este punto, un amigo le escribió a Richard Simmons sobre Rosalie. Él le envió un plan dietario y durante los próximos dieciocho meses la llamó casi todos los días. Fue de alguna ayuda; sin embargo, ella todavía seguía teniendo altibajos, bajando y subiendo, bajando y subiendo de peso continuamente. Es probable que algunos de los que leen estas palabras hayan pasado por la misma experiencia. Por veinticuatro años de mi vida yo anduve en la montaña rusa de bajar y subir de peso.

Rosalie también invitó a un psicólogo cristiano para que la aconsejara. Lo primero que él hizo fue decirle que "mullera su almohada y hablara con Jesús". Ella decidió entregarle el control de su problema a Dios. Reconoció que sola no podía resolverlo, y tampoco podían hacerlo otras personas por ella. Dejó de pensar en metas en términos de futuro, y a concentrarse en el presente. Ahora estaba lista para reinsertarse en el mundo.

La historia tiene un final feliz: después de ser prisionera de la gordura por casi diez años, Rosalie Bradford salió de su cuarto y vio el día cálido convertirse en noche fresca. "Pude ver las estrellas –dijo–, pude ver la copa de los árboles y no tuve que mirarlos por la ventana". Hace unos pocos meses la señora Bradford se mudó a Auburndale, Florida. Pesa ciento cuarenta kilos y le da gracias a Dios por ayudarla a recuperarse. "Dios hizo por mí lo que yo no podía hacer por mí misma. Me hizo dar cuenta de mi responsabilidad. Soy responsable por lo que como."

Sí, usted puede volverse adicto a la comida del mismo modo que puede hacerse adicto al tabaco, a otras drogas, al alcohol, a la pornografía, etc. En muchos de esos casos Dios es la única solución. Cada rehabilitación exitosa de las drogas y cada programa de liberación del alcohol con los que me familiaricé, finalmente reconocen que esos son problemas de adicción que solo Dios puede resolver. Qué pena que tanta gente usa al Creador del universo como el último recurso en vez del primero. Revertir ese orden ciertamente ayudará a superar muchas dificultades que la gente encuentra en el camino.

Las buenas noticias son que Rosalie Bradford y muchos otros finalmente llegaron a la misma conclusión: necesitan ayuda, y pueden recibir una ayuda mucho más poderosa que lo que cualquier hombre puede hacer.

-MENSAJE-

Con la ayuda de Dios usted puede cambiar y tomar el control de su vida. Usted + Dios = suficiente.

27

ASÍ ES LA LEY

Una nueva ley fascinante ha sido aprobada en Louisiana, que exige que los estudiantes desde el jardín de infantes hasta el quinto grado se dirigieran a sus maestros como "señor" o "señora", o con títulos de cortesía. Algunos de los maestros apoyaban la medida como una herramienta útil para la disciplina en clase. Otros se opusieron, alegando que era una pérdida de su limitado tiempo de clase. Los legisladores, a quienes el gobierno les había asegurado que esa medida complacería a los votantes, lo aceptaron rotundamente.

> "Aquel que hace que su hijo tenga respeto por él y por sus órdenes, debe tener él mismo una gran reverencia por su hijo."
> —**John Locke**

Nadie me preguntó, pero esta es mi opinión: yo adhiero a la idea de manera entusiasta, por razones prácticas de "supervivencia". El primer acto de violencia en el hogar generalmente es precedido por lenguaje violento. La Dra. Jane Haeley, en un artículo en *Bottom Line Personal* dijo: "El desarrollo del lenguaje humano es el desarrollo del pensamiento humano, y si los chicos no hablan y escuchan, tampoco piensan efectivamente. La persona que le enseña a su hijo a hablar le enseña a su hijo a pensar".

Desafortunadamente, el respeto por la autoridad es un elemento en falta en nuestra sociedad actual. Las pandillas usan la falta de respeto como una excusa para golpear o incluso matar a alguien que los desafía. Si el respeto por los maestros, compañeros y padres se enseña en el aula, y si los niños son felicitados y se les agradece cuando dan una respuesta cortés y respetuosa, eso creará un ambiente más amigable y los preparará para el mundo de los negocios cuando completen su educación formal.

Louisiana usó un magnífico criterio en la forma de implementar esta nueva ley. Empezarán enseñándola desde el jardín de infantes hasta quinto grado. El próximo año se aplicaría desde los estudiantes de sexto grado en adelante, hasta que haya sido enseñada y requerida en todos los grados. Estoy convencido de que uno de los beneficios será que tendremos clases más elevadas. Cuando el respeto y la cortesía se exhiben en el aula, habrá menos charla y menos perturbación, le permitirán al maestro más tiempo para enseñar. Llevará tiempo hasta que logre surtir efecto, y algunos se rebelarán, pero sería más que un cliché decir que el comportamiento que se reconoce y se recompensa, se repetirá. Eso es cierto tanto para el comportamiento malo o bueno.

"¿Hacemos una nueva regla de vida para esta noche?: siempre tratar de ser un poco más amables de lo necesario."
—James Matthew Barrie

Un cumplido amable de parte de la maestra cuando el niño responde respetuosamente, solo toma un segundo. Un "gracias Juan o María, eso está muy bien", es todo lo que se necesita. La mayoría de nosotros observaremos con interés los resultados de esta ley. Creo que otros Estados la seguirá en un par de años. Lo lamentable es que tenga que darse por una ley.

Ahora que hemos hablado de la cortesía y el respeto, veamos la otra cara de la moneda y enumeremos algunos de los resultados de usar lenguaje bajo, violento o profano:

1. "Honra" a tus padres e influencia a tus hijos y nietos a continuar con tu legado.
2. Demuestra tu vocabulario extensivo y exhibe tus habilidades comunicativas.
3. Prueba que eres versátil y flexible.
4. Aumenta tus "oportunidades" laborales.
5. Te brinda experiencia en encontrar constantemente nuevos empleos.
6. Mejora las oportunidades de aprender a aterrizar y de perder a un buen compañero.
7. Te permite "encajar" con gente de la misma mentalidad que tú.
8. Impresiona a aquellos que aprecian el llamado "lenguaje adulto". (Lo obsceno sigue siendo obsceno, a pesar de la edad.)
9. Claramente te separa de los que tienen "clase".
10. Te brinda una amplia experiencia en buscar nuevos amigos.
11. Reduce sustancialmente tu sensibilidad.
12. Aumenta drásticamente tus probabilidades de cometer actos violentos.
13. Te abre la puerta a numerosos empleos de sueldos magros y amistad con personas de la misma mentalidad.
14. Ayuda a los demás a conocerte rápido y bien, porque la boca habla de lo que hay en el corazón.
15. Te permite descender a niveles más bajos rápidamente.
16. Te ayuda a avergonzar, enemistarte e irritar a más personas que cualquier otro acto.

-MENSAJE-

Sus palabras identifican y definen quién es usted, lo que piensa y, principalmente, a dónde se dirige. El lenguaje adulto como ser "compromiso", "responsabilidad", "integridad", "dedicación", etc., repleto de palabras como "bueno", "mejor", "justo", "esperanza" y "amor", elevará grandemente su vida personal, familiar y profesional.

28

EL FACTOR ÉXITO

En mi perspectiva, el éxito a largo plazo no es la única forma en que uno puede realmente medir el éxito. Ocasionalmente, un acto heroico hecho por un individuo puede convertirlo en un suceso profesional. Por ejemplo, Colin Kelly sacrificó su vida al comienzo de la Segunda Guerra Mundial al hundir al buque japonés y salvar las vidas de muchos estadounidenses. El carácter de Colin Kelly hizo que el sacrifico fuera posible, y esa es la clase de carácter que siempre hallaremos en la gente exitosa.

> "El secreto del éxito es constancia en el propósito."
> **—Benjamin Disraeli**

Sin carácter no hay confianza. La gente exitosa son hombres y mujeres de integridad. Hacen lo correcto, lo cual significa que son confiables y no tienen que lidiar con la culpa. Con integridad no tienen nada que temer, porque no hay nada que ocultar.

Otra cualidad que les atribuyo a las personas exitosas a largo plazo, es la cualidad de la fe. Llega un tiempo en la vida de cada persona –en la mayoría de los casos sucede varias veces– cuando ella se topa con dificultades o problemas para los cuales no hay respuestas humanas. Allí es donde la fe en Dios en vitalmente importante. La fe en Jesucristo ha hecho la diferencia en todos los aspectos de mi vida.

Otras cualidades que son importantes, son una persistencia pura y obstinada y un deseo abrumador. Según el *The Executive*

Speechwriter Newsletter (vol. 12, nro. 3), "el deseo mantuvo al joven W. Clement Stone en las esquinas de Chicago vendiendo periódicos. El deseo más tarde lo hizo una de las personas más ricas de los Estados Unidos, y dueño principal de Combined Insurance Corporation of America.

"El deseo hizo a Jim Marshall uno de los jugadores más indestructibles en el fútbol profesional. Marshall comenzó doscientos ochenta y dos juegos consecutivos y jugó como defensor hasta los cuarenta y dos años. El compañero de equipo Fran Tarketon una vez describió a Marshall como 'el atleta más maravilloso que jugó en algún deporte'.

"Si uno avanza seguro y confiado en la dirección de sus sueños y esfuerzos para vivir la vida que ha imaginado, se encontrará con un éxito inesperado en tiempos comunes."
—Henry David Thoreau

"El deseo energizó a John Havlicek a tal punto de ganarse el apodo de 'Señor siempre en movimiento'. Como jugador de los Boston Celtics, Havlicek dio el doscientos por ciento en cada juego por dieciséis temporadas consecutivas. Empuje, liderazgo y reacción, hicieron de Havlicek un jugador con quienes los otros se comparaban. La gente con deseo trabaja más arduamente, son apasionados acerca de sus objetivos y son movidos por una intensa sed de ser mejores."

También es esencial creer que lo que está haciendo con su vida marcará una diferencia en las vidas de otros. Nuestra declaración de misión es ser quienes marquemos, a diferencia en las vidas personales, familiares, profesionales y espirituales de tanta gente, que podamos marcar una diferencia positiva en el mundo. Reconozco que es una declaración de misión un poco presuntuosa, pero con el advenimiento de la tecnología moderna, podemos comunicarnos de formas que nunca imaginamos hace apenas unos pocos años. Recibo una cantidad considerable de cartas de personas que me dicen que nuestros conceptos han hecho una diferencia positiva en sus vidas.

Me apuro a agregar que si usted está en su casa a tiempo completo para criar a sus hijos, usted está definitivamente marcando una diferencia en las vidas de otros. El éxito a largo plazo en nuestros países, dependerá de la diferencia que hagamos en las vidas de nuestros hijos.

Un artículo del ejemplar del *Readers Digest* de octubre de 1999 señala: "Según el Departamento de Educación de los Estados Unidos, dos de cada tres estudiantes del secundario no llegarán a la universidad si es que pertenecen a un hogar con un solo padre, si tienen un hermano mayor que ha abandonado los estudios, si han repetido de grado, cambiado de colegio más de dos veces o tenido notas más bajas del promedio".

La solución obvia para ayudar a su hijo a ser todo lo que puede llegar a ser, es ofrecerle una vida familiar segura, con ambos padres presentes, prestarle mucha atención a cómo le va en la escuela, y hacer lo que sea necesario para que pase de año como debe ser. De hecho, el potencial de cada uno para el éxito a largo plazo comienza en casa.

-MENSAJE-

Nuestros hijos son la única esperanza para el futuro, pero nosotros somos su única esperanza para su presente y futuro.

29

TODO ESE ASUNTO DEL PENSAMIENTO POSITIVO

El número del 9 de enero de 2000 del *The Dallas Morning News* traía un artículo fascinante sobre los efectos del pensamiento positivo y el optimismo. El periódico reportaba que docenas de estudios recientes muestran que a los optimistas les va mejor que a los pesimistas en el trabajo, la escuela y los deportes. Además, sufren menos depresión, alcanzan más metas, responden mejor al estrés, ganan más efectivamente batallas contra enfermedades, e incluso viven por más tiempo.

> "Son nuestros pensamientos más inconscientes y nuestras acciones más inconscientes los que mayormente moldean nuestras vidas y las vidas de las personas que salen de nosotros."
> —**Samuel Butler**

El Dr. Martin Seligman, un psicólogo de la Universidad de Pennsylvania, cita la investigación preliminar de otro estudioso, que afirmaba que en las últimas tres décadas habían surgido cuatro mil seiscientos ensayos en la literatura de psicología sobre la depresión, pero solo cuatrocientos sobre el gozo. Él cree que mucho de eso cambiará en el siglo XXI.

Las preguntas son: ¿qué es este asunto del "pensamiento positivo"?

¿Cómo obra? ¿Cuáles son los beneficios, además de los mencionados anteriormente? Muchas veces uso la analogía de que uno puede caminar en un cuarto oscuro, tocar una tecla y el cuarto instantáneamente se iluminará. Pero, obviamente, tocar la tecla no es lo que iluminó la habitación. Lo que lo hizo fue la descarga de electricidad que se generó antes. De no haber habido electricidad, el cuarto todavía estaría oscuro.

"No oren por vidas sencillas. ¡Oren para ser hombres fuertes! No oren por tareas iguales a sus poderes. Oren por poderes iguales a sus tareas."
—Phillips Brooks

Los estudiantes que toman nuestro curso sobre pensamiento positivo basado en el carácter, obtienen mejores notas. Además de decir que el pensamiento positivo los hace más inteligentes. Lo que hace es liberar la información que han adquirido previamente de los libros. Todos hemos escuchado a estudiantes lamentarse cuando tienen que dar un examen: "Verás, yo siempre recuerdo las respuestas una vez que salí del aula", o "Nunca me va bien en las pruebas. Conozco el tema, pero simplemente no puedo recordarlo durante el examen". Esas son las palabras típicas de un pesimista. Por otra parte, el optimista de pensamiento positivo que ha preparado sus lecciones y estudiado adecuadamente, entra al salón de clases expresando confianza de que le irá bien en la evaluación. Ese pensamiento positivo suelta la información que ha adquirido cuidadosamente en un período de tiempo. Sus exámenes califican considerablemente mejor que los de sus compañeros mal preparados y, por ende, pesimistas.

La conclusión es que el pensamiento positivo libera el conocimiento, experiencia, entrenamiento, datos, aprendizaje y la información de fondo que está almacenada en nuestra mente. El pensamiento positivo simplemente nos permite usar la información y el conocimiento que hemos adquirido. Debo agregar que el pensamiento positivo no le impedirá hacer nada, sino que le permitirá hacer todo mucho mejor que el pensamiento negativo.

Una parte de la investigación del Dr. Seligman creó mucha emoción y entusiasmo, cuando reveló que los optimistas viven un par de años más que los pesimistas. Llamó la atención de todos. El doctor señaló que "una de las razones por la que las personas positivas viven más, puede ser que ellos hacen un mejor trabajo a la hora de estar alejados de las cosas nocivas". Eso es lo que indicó un estudio reciente basado en estadísticas sobre un proyecto comenzado hace ocho décadas. El estudio reveló que los pesimistas eran más propensos a accidentes y violencia, incluyendo accidentes automovilísticos, hogareños y aún homicidios. Los optimistas confrontan los problemas directamente y tratan con ellos en una forma más realista, mientras que el "pesimismo está asociado con la negación y la acción de darse por vencidos", según el Dr. Charles Craver, de la Universidad de Miami.

Hablando por experiencia personal, recuerdo vívidamente cuando mi carrera iba cuesta abajo, allá en 1952, y yo me sentía bastante negativo al leer el libro del Dr. Norman Vincent Peale, *The Power of Positive Thinking [El poder del pensamiento positivo]*. Tuvo un impacto profundo respecto a mi actitud ante la vida, e inmediatamente comencé a lograr resultados positivos en mis negocios. Es verdad, el pensamiento positivo funciona, y debería ser aceptado por todos aquellos que quieren sacar más provecho de esta vida.

-MENSAJE-

Ya sea que piense que no puede o que sí puede,
está en lo cierto.

30

LA BONDAD Y LA GENTILEZA SON IMPORTANTES

Hay una creciente preocupación en el mercado, de que la falta de consideración hacia nuestros compañeros de trabajo y la más absoluta grosería está afectando el espíritu de equipo y la productividad. Parece como si el placer aumentara a medida que aumenta nuestra efectividad electrónica. Está el sentir en una organización súper eficiente, de que ser más directo y más orientado a la acción es el orden del día.

> "Sea como fuere lo que pienses, creo que es mejor decirlo con buenas palabras."
> **—William Shakespeare**

Desafortunadamente, muchas personas dan un paso más allá y se vuelven groseras y demandantes. Y, como resultado, aumentan las discordias en las estructuras de la empresa.

Christine Pearson, una profesora de administración de la Escuela de Negocios Kenan-Flagler de la Universidad de Carolina del Norte, encuestó a setecientas setenta y cinco personas. Hombres y mujeres por igual reportaron haber sido objetos de lo que la señora Pearson describió como "comportamiento rudo, insensible y descortés" en la oficina. Las personas a quienes describieron como instigadores eran, en forma general, alrededor de siete años mayores que sus víctimas, mayormente hombres, y casi siempre situados más altos en la escala corporativa.

En muchos casos no era a propósito, sino que ocurría porque las personas estaban en la vorágine laboral. Mi amigo y mentor Fred Smith dice que debemos recordar que en la mayoría de los casos, cuando la gente es ruda y desconsiderada con nosotros, no significa que quieran lastimarnos o que estén enojados con nosotros. Lo que significa, en muchos casos, es que son ellos los lastimados. Con frecuencia la otra persona está bajo una presión considerable, y percibe que es el blanco de una amenaza a la seguridad de su puesto de trabajo.

"Vulgar en sus modales, rechoncho, demasiado arreglado y mal criado; sin sentimientos, sin Dios, la delicia del infierno, rudo en el día y lascivo en la noche."
—**Byron Rufus Newton**

Es muy posible que ese síndrome de respuestas monosilábicas o la grosería rampante, sean el resultado indirecto de la furia. Tal vez un embotellamiento de tránsito causado por un choque, o una lluvia o nevada inesperadas, o alguien que avanza a paso de tortuga por el carril rápido que retrasa todo el tránsito detrás de él, le han puesto los pelos de punta. Algunos empleados llegan tarde y están bajo una fuerte presión para terminar sus tareas. Como consecuencia, adoptan una postura rígida y tienen poca empatía con aquellos que también están retrasados en sus responsabilidades. Esto es especialmente cierto cuando ocurren cambios administrativos, un cambio de firma que amenaza la seguridad de los empleados, hay una reducción de personal, se anuncia un achicamiento del presupuesto, etc.

La seriedad del problema es tratada en un artículo del *Dallas Morning*, que señala que las nuevas investigaciones indican que "la rudeza, además de ser un irritante y molesta para el trabajador, puede afectar la compañía reduciendo la productividad y llevando a una costosa rotación de personal". El artículo continuaba diciendo que "los psicólogos académicos e industriales usan varios términos para describir el fenómeno: descortesía en el lugar de trabajo, comportamiento contraproducente, agresión en el trabajo, conflicto de personalidad, maltrato laboral, desviación interpersonal, intimidación, actitud "patotera". "Hay muchos términos, tengo una lista larga", dijo la psicóloga social Loraleigh Keashly, profesora asociada de estudios urbanos y laborales de la Universidad Estatal Wayne en Detroit.

Otro factor puede ser que nuestras culturas se están fusionando cada vez más, y es difícil en ocasiones entender la forma de hablar de otros. Esto hace más lento el ritmo y, en algunos casos, cuando las palabras no son comprendidas, tenemos que pedirle a la otra persona que nos repita varias veces, causándole más irritación e incluso ira.

Entonces ¿cuál es la solución? Básicamente es "tomárselo con calma", recordar que el mundo entero no gira en torno a lo que pasó en nuestro trabajo hoy. Una sonrisa agradable y una buena actitud hacen una gran diferencia. Los estudios muestran que si todos leyeran unas tiras cómicas antes de irse de su casa y escucharan algunos chistes, casetes de inspiración o música relajante cuando conducen, llegarían al trabajo en un mejor estado mental.

Además, como Mamá Ziglar decía: "Todos no pueden ser el más inteligente de la ciudad, pero todos podemos ser amables y considerados con los demás". Una pequeña muestra de cortesía, junto con una sonrisa agradable y una actitud alegre, se contagiarán incluso a las personas que han tenido un mal día. La amabilidad podría ayudarnos a evitar problemas graves, mantener nuestro empleo, y también logra promociones.

-MENSAJE-

La gentileza beneficia a todos y enriquece nuestras vidas personales y profesionales. La Regla de Oro -trata a los demás como quieres que te traten a ti- es la mejor norma para las relaciones humanas.

31

LOS GANADORES NO SIEMPRE LLEGAN PRIMERO

¡Los ganadores a veces ni siquiera llegan segundos! Estoy pensando en Dan Foresman, el sobresaliente golfista profesional de la PGA [Professional Golf Association] quien, en el Torneo Masters de 1993 estuvo a punto de ganarle a Bernhard Langer. Tenían siete hoyos para jugar en los primeros traseros, así que cualquiera de los dos podía ganar. En el hoyo siguiente Dan avanzó hacia el *tee* de salida y procedió a tirar la pelota al agua. Luego golpeó una segunda pelota y terminó con un desastroso siete en un difícil hoyo par tres. La realidad es que la victoria del torneo en sí estaba fuera de alcance. Pero siendo el profesional que es, Dan Foresman respondió al desastre e hizo *birdie* en dos en los próximos tres hoyos. Finalmente terminó mejorando y alcanzó un quinto lugar.

> "No me digas lo duro que trabajas. Dime cuánto has hecho."
> —**James J. King**

Insisto en que Dan Foresman es un ganador, porque en vez de salirse de sus casillas y tal vez terminar en el lugar número cincuenta, respondió en una manera positiva y jugó mejor el resto de la ronda. Luego dijo que aprendió mucho acerca de sí mismo como resultado de ese juego, y que sentía que era una mejor persona y un mejor jugador.

Creo que Dan Foreman probablemente aprendió esa actitud ganadora cuando era un niño. Imagino que sus padres le ayudaron a conocer su valor al apoyarlo, animarlo cuando estaba frustrado y siendo sinceros sobre cómo lo estaba haciendo. No hay nada más cruel que decirle a un niño que es talentoso en algo que realmente no lo es. En ese caso suceden dos cosas: o el niño es ridiculizado por otros niños por su falta de talento verdadero, y por consecuencia termina herido, o crece pensando en brindar su habilidad –estoy pensando específicamente en el caso de cantar o tocar algún instrumento–, y todos quedan horrorizados y avergonzados cuando lo hace, pero nadie se anima a decirle lo mal que lo hace. Redirigir amablemente los intereses del niño puede salvar la autoestima del chico, y ayudarlo a encontrar algo en lo que verdaderamente pueda destacarse.

Están los que se mofan del viejo dicho de "no es importante ganar o perder; jugar es lo que cuenta". En mi opinión la frase es cierta. La vida es un gran juego hecho de juegos más pequeños, y cómo juguemos en esos pequeños partidos es lo que hace la diferencia. Para los atletas, el certámen en el que ellos participan no es necesariamente pequeño. Pero comparado con la vida, entraría en esa categoría. Pero el modo en que jugamos en cada parte de nuestras vidas es ciertamente una parte del todo.

"En mi opinión, talento más conocimiento más esfuerzo, son la razón del éxito."
—**Gertrude Samuels**

Aún hoy leo en el periódico que Andre Agassi venció a Pete Sampras en uno de los eventos del Grand Slam en Australia. Todo indica que fue uno de esos clásicos, un duelo de cinco *sets* que mostró a cada jugador dando lo mejor de sí. Agassi prevaleció en este partido en particular, pero no cabe duda en la mente de nadie que podría haber sido también al revés; pero cada jugador estaba haciendo su mejor juego e hizo lo mejor que pudo. Decir que Sampras es el "perdedor" sería un increíble perjuicio para un gran jugador con un buen corazón y un magnífico juego.

Por otro lado, negar el hecho de que Andre Agassi –ese día– fue el ganador de un partido histórico, sería negar la realidad de una victoria bien ganada tras un partido peleado. Me hago la idea de que cada jugador esa noche durmió mejor, y que se sintieron bien consigo mismos por el enorme esfuerzo que hicieron de dar lo mejor de sí. Es cierto, en mi libro, eso es lo que significa ser ganador. Creo que cuando hacemos nuestro mejor tiro salimos ganadores, sin importar cuál sea el resultado final.

-MENSAJE-

Cuando le damos a algo nuestro mayor esfuerzo,
salimos ganadores.

32

LAS APARIENCIAS ENGAÑAN

Una tarde estaba trabajando en mi oficina, cuando de pronto sonó el timbre. Taffy, mi pequeño perro corgi irlandés respondió ladrando con su acostumbrado entusiasmo, mientras corría hacia la puerta principal.

> "En teoría, no hay nada que impida que sigamos lo que se nos enseña; pero en la vida hay muchas cosas que nos desvían."
> —**Epíteto**

A primera vista desde lo alto de la escalera, pensé que era mi nieta, a la que llamo "Guardiana". Cuando abrí la puerta había delante de mí una joven alta y atractiva, rubia, con un mechón teñido de rojo.

Con una gran sonrisa y un enorme entusiasmo, me dijo que nuestra vecina de al lado le había sugerido que pasara por mi casa. Indicó que ella representaba a una organización benéfica y que estaba trabajando para ganar un viaje a Londres, vendiendo revistas que serían luego enviadas a hospitales de niños para que ellos las disfrutaran. Sugirió que "probablemente teníamos más revistas de las que podríamos llegar a leer".

Yo la invité a pasar y a explicarme la oferta. Francamente, había tantas revistas, y yo no sabía cuáles de ellas podrían gustarles a los niños, entonces le pregunté si las notas que contenían eran de naturaleza ética, moral y espiritual. Ella me aseguró que las revistas habían sido seleccionadas cuidadosamente, y que se ofrecían en grupos que concordaban con mi criterio.

Pensé que el precio era un poco alto, pero era para una buena causa, así que dije que sí. Cuando ella estaba terminando con la papelería, mi esposa llegó. Gracias a Dios, ella no es tan crédula como yo, y comenzó a hacerle preguntas. La joven explicó que era ella la hija de fulano de tal –que era un amigo nuestro–, y alegó que la vecina de al lado la había enviado a nosotros porque sabía que amábamos a los niños. Luego de más preguntas, mi esposa dio el *ok* y firmó el cheque. Entonces, su "intuición femenina" irrumpió. No estaba conforme con la transacción, así que llamó a nuestra vecina, quien nos informó que la joven le había dicho a ella que nosotros la habíamos enviado a su casa. Esto era perturbador, por no decir algo peor. Mi experiencia ha sido que aquellos que te mienten acerca de una cosa, te mentirán acerca de otras cosas luego.

"Nadie se hizo perverso súbitamente."
—**Decimus Junius Juvenal**

Desearía poder haber hablado con la jovencita de nuevo. Le habría dicho que estaba en una pendiente resbalosa. Que jamás disfrutaría de la paz interior o del éxito permanente por medio de engañar, mentir, envolver y robarle a otras personas. Le hubiera advertido que un trabajo estafador lleva a otro, y que el tiempo que ella pasara en actitud de alerta para no ser descubierta, le impediría establecerse en una organización o empresa de buena reputación. También le hubiera dicho que su estilo de vida le impediría ser atractiva para la clase de hombre que sería un buen compañero para transitar juntos la vida.

No sé si mi discurso tendría algún efecto sobre su conducta, pero realmente desearía haber tenido la oportunidad de decirle estas cosas.

Porque nos preocupan los demás, y especialmente nuestros vecinos, llamamos a la patrulla del barrio y les alertamos del hecho de que una vez más nuestra área había sido elegido para una estafa. Mi esposa, que es el miembro de la familia más orientado a la acción, tomó el recibo, llamó a la revista y reportó el incidente.

Mi mensaje para usted es el siguiente: sea cuidadoso. Simplemente porque alguien luce bien y suena bien no es necesariamente prueba de que es una buena persona. Evalúe la transacción evaluando a la persona. Para ser sincero, me alegro que mi esposa haya llegado cuando lo hizo. De no ser así, habríamos gastado más dinero y la jovencita se hubiera salido con la suya en otro plan fraudulento. Muy mal. Con su personalidad e inteligencia obvias, podría haberle ido bien en la vida si hubiera seguido el buen camino. La senda por la que va, no la llevará a ningún sitio, excepto a más problemas.

-MENSAJE-

"Diga la verdad y dígala siempre, cueste lo que costare, porque el que esconde lo malo que hizo, está haciendo lo malo otra vez."

33

USTED PUEDE SER MÁS FELÍZ

Pregúntele a una persona común lo que a él o a ella le gustaría ser, y muchos de ellos dirán que solo quieren ser felices, felices en su hogar, en su empleo y en su vida. Para muchos la felicidad es "el sueño imposible", pero hay varias cosas que nosotros podemos hacer para ser más felices.

> "Si la felicidad es actividad de acuerdo con la excelencia, entonces es razonable que esté de acuerdo con la más alta excelencia."
> —**Aristóteles**

Lo primero que todos pueden hacer para alcanzar la felicidad, es llegar a darse cuenta que la responsabilidad de ser felices es solo de ellos. A la novia o el novio que creen que es responsabilidad de su pareja hacerlos felices, le esperan años de amarga desilusión. El egocentrismo es la consecuencia de vivir la vida como soltero, así que no es poco común que las parejas entren al matrimonio con esta actitud: "Preguntaré no qué puedo hacer por mi cónyuge, sino solo qué puede hacer él por mi". Hacer de la felicidad de su pareja su mayor prioridad –aunque no es responsable por ella– los hará más dichosos a ambos.

Varios estudios revelan que a pesar de cual sea nuestra inclinación natural, podemos cambiar de optimismo a pesimismo, y viceversa. Cuando alcanzamos la edad de la responsabilidad, podemos escoger ser optimistas o pesimistas, a menos que haya un desequilibrio químico, en cuyo caso puede ser tratado. Alimente su mente con canciones alegres, información emocionante y cosas que le hagan reír o sonreír... ya habrá elegido ser optimista y sentirse mejor en el proceso. El Dr. David Myers habla de "la felicidad es crónica": dice que los estudios demuestran que la persona que hace varios años dijo ser "muy desdichada o "muy feliz", tiende a estar de igual modo actualmente, sin importar cómo hayan cambiado las circunstancias en su vida.

"Creo en un Dios y nada más, y espero la felicidad más allá de esta vida. Creo en la igualdad de los hombres; y creo que las actividades religiosas consisten en hacer justicia, amar la misericordia y empeñarnos en hacer que las otras criaturas sean felices."
—Thomas Paine

Entonces ¿qué debemos hacer para encender, como dice el Dr. Guillen, el termostato de la felicidad? Él afirma que "los científicos sugieren comenzar haciendo ejercicio, durmiendo bien y sonriendo". Dice que estos actos simples parecen provocar la liberación de antidepresivos poderosos como la serotonina y la dopamina. "Puede hacer que su cerebro comience a rebosar, y quién sabe, también hacerlo sentir desbordante de risa." El Dr. Guillen también señala que la felicidad tiene un efecto en nuestro cuerpo, y que los últimos estudios muestran que si estamos deprimidos, tenemos cuatro veces más de probabilidades de tener un ataque cardíaco.

Las investigaciones muestran que en la gente feliz encontraron las "células T asesinas" [N. de la T.: un tipo de células del sistema inmunológico que tienen como función matar células cancerosas] en el sistema inmune, mucho más activas que otras, y que esas células T son las que batallan contra las enfermedades. También aseguran que los optimistas se recuperan mucho más rápido de cirugías mayores.

En otras palabras, la felicidad es buena para su salud. La gente optimista vive por más tiempo. También indica que la gente que es feliz tiene más metas y trabajan por algo, y que ese ejercicio es un antidepresivo leve.

Hay otros factores que influyen, pero una cosa que contribuye a la felicidad es el hecho de estar creciendo. Estamos aprendiendo cosas hoy que serán importantes para nuestra vida mañana. Todo sentido de logro aumenta no solo nuestra felicidad, sino también nuestra confianza, lo que mejora nuestro desempeño, lo que a su vez nos hace más exitosos en todas las áreas de nuestras vidas... lo que nos hace felices. Acepte la responsabilidad por su propia felicidad, y tome el compromiso de dar los pasos necesarios, y será cuanto menos un poco más feliz, lo cual es un gran paso hacia la felicidad.

-MENSAJE-

La gente feliz es la que siente que no importa lo que suceda hoy, mañana será un día mejor.

34

LAS PEQUEÑAS COSAS SÍ IMPORTAN

En la historia de nuestro país, cada generación ha buscado "la vasija de oro al final del arco iris". Muchos de ellos buscaron el oro cavando en las laderas y los arroyos de los Estados Unidos.

En 1848 John Marshall estaba buscando el precioso metal en los arroyos de California. Un día brillante y soleado en el que estaba en esa búsqueda de oro en Sutter's Creek, vio un resplandor, y la fiebre del oro comenzó. Mucha gente vino a California, descubrió oro e hizo fortunas, mientras que otros se hicieron ricos proveyendo equipos de minería, comida, refugio, vestimenta para los mineros a precios exorbitantes, así que encontraron oro en los bolsillos de aquellos que lo habían extraído. La fiebre del oro tuvo un impacto significativo en la población de California, y apresuró la colonización de nuestro país.

> "Pero si uno debe regir su vida por principios verdaderos, la mayor riqueza del hombre es contentarse con lo poco; porque lo poco nunca falta."
> **—Titus Lucretius Carus**

A fines de 1880, en un pozo de una mina solitaria y abandonada a casi una hora de donde había sido descubierto el oro, se encontró el cuerpo abandonado de un minero. Era John Marshall, el hombre que había hallado el metal, pero se descuidó en reclamar sus propios derechos. Esa fue la historia de vida de muchas personas.

Muchos de nosotros conocemos a alguien que descuidó algo pequeño, y terminó mal. Las pequeñas cosas hacen una diferencia en la vida. A veces una vida es salvada porque el que la rescata llega justo a tiempo. En una inundación repentina en California, dos jóvenes fueron sacados de un río impetuoso por hombres que, con la ayuda de un helicóptero, los levantaron del agua. Uno de los que los rescató dijo: "Si hubiéramos llegado treinta segundos más tarde, habrían perdido sus vidas". En muchos casos, si la policía hubiera llegado dos minutos más tarde, no habrían podido evitarse violaciones y posiblemente asesinatos. En otros casos, hemos visto que los equipos de rescate llegaron tarde por un minuto o dos, y se perdieron vidas.

> "La belleza de las cosas existe en la mente del que las contempla."
> —**David Hume**

No obstante, las pequeñas cosas a las que me refiero no son tan traumáticas, pero así y todo tienen enorme importancia. La definición de *poco* de mi diccionario Noah Webster simplemente dice que es "chico en tamaño o extensión, no importante ni grande. Corto en duración, como poco tiempo, poco sueño. Leve; no considerable; no mucho". Ahora, una la palabra *pequeño* a *bondadoso*, y veremos su importancia. En Efesios 4:32 leemos: *"Más bien, sean bondadosos y compasivos unos con otros, y perdónense mutuamente, así como Dios los perdonó a ustedes en Cristo". Bondadoso* o *bondad* significa "favorable; atractivo; dispuesto a hacer el bien a otros y hacerlos felices concediéndoles lo que piden, supliendo sus deseos, o ayudándolos en la aflicción".

Tome la definición de *pequeño* y aplique la palabra *bondadoso* o *bondad* a ella, y podremos ver que una pequeña bondad contribuye en gran manera a animar a las personas, construir relaciones valiosas y brindarles esperanza e inspiración en sus vidas cotidianas.

Es así: las pequeñas cosas pueden hacer una gran diferencia. Si usted llega tan solo tres minutos tarde para un vuelo, tres minutos no es mucho; pero si el avión ha despegado, puede tener serias repercusiones en su plan de viaje.

Wilhelm Reiss, un inventor alemán, perfeccionó un aparato para transmitir sonido mediante cables. Si hubiera movido dos electrodos solamente una milésima de pulgada, ellos se habrían tocado el uno al otro y habría descubierto el teléfono. ¡Esa pequeñísima distancia hizo la diferencia!

La mayoría de nosotros necesitamos esperanza y aliento cada día. Creo que un Día Nacional de la Bondad, para animarnos a hablar amablemente con aquellos que nos encontramos, sería de mucha ayuda.

Hacerlo tan solo por un día podría ayudarnos a hacerlo parte de nuestras vidas, lo cual animaría a otros a hacer lo mismo.

–MENSAJE–

Reclame los derechos de lo que usted pretende de la vida. Ocúpese inmediatamente de hacer lo correcto en la manera correcta en una serie de "pequeños" pasos en curso, y llegará el día en que lo que usted ha "reclamado" será suyo.

35

¡SÁQUESE EL PESO DE ENCIMA!

Todos tenemos algunos "esqueletos en el ropero", es decir, algo que ocultar. Estoy convencido de que ninguno de nosotros quisiera que todo lo que hemos hecho saliera por los medios. Afortunadamente, la mayoría de la gente toma acciones para reparar el mal que hizo y poder arreglar las cosas escondidas del pasado. Pero, lamentablemente, muchas veces no nos perdonamos a nosotros mismos y no reconocemos que el pasado es exactamente eso: pasado. Todos tenemos la oportunidad de permitir que nuestro pasado nos enseñe o nos destruya.

> "Nunca mire hacia abajo para comprobar el suelo, antes de dar el próximo paso: solo el que mantiene sus ojos fijos en el horizonte, es quien encontrará su camino derecho."
> **—Dag Hammarskjöld**

Un escritor anónimo lo expresó de este modo: "Llega un tiempo en el que debemos limpiar los roperos de nuestra vida para hacer lugar para otras cosas que realzarán nuestro ser. Revisemos los roperos de nuestra alma, y hagamos un paseo por el cesto de basura. Arroje todo odio que pueda estar acechando allí, y asegúrese de tirar los celos, las malas actitudes, la deshonestidad, las quejas, los pecados y la hipocresía. Antes de acabar, arroje el resentimiento que pueda albergar contra alguien. Haga lugar para que entre el amor, la honestidad, el perdón y la bondad, sin olvidarse de la gratitud a Dios por todas sus bendiciones.

"Vaya y haga espacio para la reverencia y el respeto por Dios, de quien proviene todo lo bueno. Dé un paso atrás y observe. El ropero de su vida luce mejor, ¿no es cierto? Tómese un momento hoy para limpiar su corazón. Pida a Dios que venga y dígale que si encuentra algo más que no debiera estar allí, lo saque, así usted puede vivir en forma santa y recta".

Por muchos años he observado que tenemos que limpiar nuestro pasado para poder concentrarnos en el presente. Esto ayudará a garantizar un futuro más promisorio. Parte de tratar con el pasado tiene que ver con tomar un compromiso de vivir con integridad en el presente. Eso quiere decir asegurarse de que el ropero no se llene de esqueletos nuevamente; es decir, que no acumulemos cosas ocultas y no creemos nuevos problemas en el futuro. Vivir con integridad significa hacer lo correcto. Al hacerlo, eliminamos toda culpa futura. Cuando quitamos el temor y la culpa de sobre nuestras espaldas, nuestra carga se hace más liviana y podemos avanzar mucho más rápido hacia el futuro.

"A veces un fracaso noble le sirve al mundo del mismo modo que lo hace un éxito distinguido."
—**Edward Dowden**

No solo eso, sino que el porvenir puede incluir avanzar a posiciones de liderazgo. Emerson dijo: "Si quieres levantarme, tú debes estar en un lugar más alto". Mi diccionario dice que la culpa es una deuda contraída por medio de una ofensa, como una multa. La otra parte de la definición, sin embargo, es la parte alentadora: "Para constituir la culpa debe haber un agente moral que tiene libre albedrío, y que es capaz de distinguir entre lo malo y lo bueno".

En síntesis, cuando reconocemos que hemos hecho algo malo y decidimos hacer restitución, es una señal de que tenemos valores morales, y eso es importante para nuestro futuro. Al remover la culpa asociada con el pasado, entonces y solo entonces podremos enfocarnos en el presente. Y lo que hacemos en el presente determinará cuán grande y productivo será nuestro futuro.

Carl Bard pone todo esto en perspectiva al decir: "Aunque nadie puede volver y hacer un comienzo totalmente nuevo, todos podemos comenzar desde ahora y crear un final totalmente nuevo". En muchos sentidos esta es la mayor ventaja del carácter, el cual es la piedra fundamental sobre la que se edifican las relaciones positivas a largo plazo. Arthur Friedman dice: "Los hombres con talento son admirables. Los hombres con riqueza son envidiables. Los hombres con poder son temibles. Pero solo los hombres con carácter son confiables". El sentido de lidiar con nuestro pasado radica en la posibilidad de enriquecer nuestras vidas y darnos la libertad de llegar a ser lo mejor que podamos.

-MENSAJE-

La culpa, el enojo y el temor son cargas pesadas de llevar. Hacer lo correcto elimina la culpa. Actuar con integridad elimina el temor de ser "descubierto", porque no tenemos nada que ocultar. Habiendo quitado el temor y la duda, podremos viajar más rápido, llegar más lejos y divertirnos más durante el viaje.

36

BUENOS CONSEJOS

El Dr. Tony Zeiss es el presidente del Piedmont Community College en Charlotte, Carolina del Norte, quien atiende a setenta mil estudiantes cada año. Su participación social, compromiso con la iglesia, responsabilidades familiares y reuniones de comité lo mantienen siempre muy ocupado.

Su libro *The Nine Essential Laws for Becoming Influential [Las nueve leyes esenciales para ser influyentes]*, contiene verdaderas perlas de sabiduría. Con su permiso estoy incluyendo algunas de ellas, con la esperanza de que usted adquiera luego su ejemplar del libro.

> "Aprendamos a leer lento: todas las otras habilidades seguirán en su lugar correcto."
> —**William Walker**

Una de sus leyes básicas para convertirse en una persona de influencia, es tener una fuerte ética del trabajo. Él dice que usted puede verificar la importancia de esta ley respondiendo a las siguientes preguntas:

"Si le estoy pagando a alguien para que me pinte la casa, ¿quiero que el pintor haga un trabajo rápido, mediocre, o una tarea completamente profesional, incluyendo la limpieza?

"Si le estoy pagando a alguien por hora para que repare mi automóvil, ¿con qué frecuencia le permito tomar descansos o charlar con sus compañeros de trabajo?

"Cuando empleo a alguien para arreglar la plomería de mi casa, ¿espero que lo deje por la mitad, que arregle casi todo o que lo deje totalmente reparado?"

El autor prosigue diciendo que sus respuestas son las mismas que las de todos nosotros. Todos esperamos que nuestro dinero valga cuando pagamos para recibir un servicio. Después de todo, las empresas son operadas por gente igual que todos nosotros. Los empresarios y empresarias estadounidenses reconocen que la gente hace que su compañía sea exitosa o no, y esa es la razón por la que la preparación y la ética del trabajo son tan importantes para ellos.

"La vida es muy corta, y sus horas tranquilas, pocas. No debemos desperdiciar ninguna de ellas leyendo libros sin valor."
—**John Ruskin**

Otra de las leyes del Dr. Zeiss, es la ley del trabajo en equipo. Cita una fuente anónima que dice: "Si usted no cree en la cooperación, solo observe lo que le sucede a un carro cuando se le sale una rueda". Entonces, como siempre, tiene más preguntas:

"¿Alguna vez he visto una organización efectiva que no tenga un propósito en común y un buen trabajo de equipo por parte de sus miembros?"

"¿Es posible que construya un cohete Delta II por mí mismo?"

"¿He disfrutado al trabajar al lado de cuántas personas solitarias?"

El Dr. Zeiss luego cuenta una experiencia que tuvo al trabajar con un hombre brillante que podría haber alcanzado casi todo siempre, y cuando nadie se interpusiera en su camino. La gente se maravillaba de su pasión por la vida y por su trabajo. Sus compañeros apreciaban su talento y admiraban sus ideas innovadoras. Sus superiores –y Tony era uno de ellos– amaban su trabajo individual, pero estaban constantemente preocupados por ver a qué persona ofendería luego. Desafortunadamente, esta persona talentosa no podía trabajar bien con otras ideas que no fueran las suyas. En consecuencia, siempre sentía que era necesario confrontar a otros respecto de sus "ideas mediocres" y "estúpidas opiniones". "Pobre hombre –escribe el Dr. Zeiss– lo último que supe es que estaba saltando de trabajo en trabajo y siendo completamente mal interpretado y poco valorado".

Una vez tuvimos un compañero trabajando con nosotros, quien también era "brillante". Podía manejar problemas complejos rápidamente y estaba generalmente bien. Pero él se las arreglaba para ofender prácticamente a cada persona que encontraba. De hecho, casi como en esa tira cómica de "Li'l Abner", había una nube sobre su cabeza. Dondequiera que iba, generalmente lo seguían el pesimismo y la fatalidad. Lamentablemente, retrasaba el trabajo de una docena de compañeros. No tengo idea de dónde está él ahora. Pero a menos que haya desarrollado un espíritu de equipo y comenzado a trabajar sobre sus habilidades relacionales, estará cambiando de un trabajo a otro.

-MENSAJE-

Debe llevarse bien con otros, o de lo contrario irá por un camino solitario de frustración y desilusión, preguntándose por qué "los demás" no ven las cosas "a su manera".

37

ESTE TIGRE SÍ QUE "RUGE"

Por muchos años Norteamérica y el mundo han sido cautivados por las proezas en el golf de Tiger Woods. Sus victorias en los tres mayores certámenes grabaron en él una imagen imbatible. De hecho, esa es la forma en que apareció cuando ganó el U.S. Open con un record de quince golpes.

> "La conducta es tres cuartas partes de nuestra vida... y su mayor preocupación."
> —**Matthew Arnold**

La pregunta es, ¿cómo hizo lo que hizo y qué lecciones podemos aprender de él, ya sea en el golf o en otra área? Tiger nació, obviamente, con un gran talento atlético y padres que lo amaban, creían en él y lo alentaban. Su padre, Earl, fue un excelente golfista amateur, y le enseñó a su hijo a amar el juego. He visto filmaciones de Tiger a la edad de tres años, y aún entonces lo que podía hacer con un palo de golf era asombroso. De camino a las filas profesionales, batió prácticamente todos los records de golfistas menores, adolescentes y juveniles. Firmó contratos multimillonarios de *esponsoreo* aún antes de entrar a su primer torneo profesional. No solo fue bendecido con una inmensa habilidad y padres grandiosos que lo guiaron a lo largo del camino, sino que Tiger Woods también tenía un deseo de aprender y una gran pasión por el golf.

Ahora detengámonos y repasemos. Primero, gran habilidad natural inherente. Segundo, padres que también fueron mentores.

Tercero, una pasión por el golf. Cuarto, una gran ética del trabajo. Ese trasfondo nos prepara para un buen comienzo, ya sea que queramos ser médicos, vendedores o funcionarios de gobierno.

Quizás el punto más significativo es que luego de su victoria arrolladora en su primer Masters categoría pro, el cual ganó por once golpes –el mayor margen de victoria en la historia de los Masters– procedió a retomar su *swing*. Eso es inaudito en el juego de golf. ¿Una victoria asombrosa y tú retomas tu *swing*? Pero los expertos fueron casi unánimes en acordar que en un abierto como el Masters, su "estilo explosivo" estuvo bien; pero en los torneos tan reñidos de la PGA, y ciertamente en los Abiertos Británico y de Estados Unidos, ese estilo no funcionaría. Él se contactó con Butch Harmon, el hombre al que muchos consideraban el rey de los maestros del juego de golf, para que sea su entrenador personal.

"Lleva veinte años construir una reputación y cinco minutos destruirla."
—Warren Buffett

Cual sea el campo de acción, el *mentoreo* es una parte importante de lo que hacemos. Si alguna vez ha habido un joven con el mundo a sus pies, riquezas incalculables a su disposición, la oportunidad de marcar una diferencia en la vida de muchas personas y ser un modelo a seguir para todos los jóvenes que aspiran a la grandeza, ese es Tiger Woods.

Excepto por una mosca en la sopa –el asunto del control del lenguaje– él es un profesional consumado en su campo de acción. Mucha gente no cree que sea importante, pero lo que sale de nuestra boca revela lo que hay en nuestro corazón. En el hoyo dieciocho, en el tercer *round* en el Abierto de los Estados Unidos en Pebble Beach, Tiger hizo un "gancho" en su lanzamiento, y la pelota terminó en la playa. Los improperios que siguieron serían una vergüenza para todo aquel que aprecie el lenguaje limpio. Lamento decir que no fue la única oportunidad cuando el uso de su lenguaje "poco feliz" ha quedado grabado. Pero afortunadamente es joven, y presta atención a lo que le dicen sus consejeros.

Si hace caso y modifica su lenguaje, no solo tiene un futuro brillante, sino que su influencia se expandirá mucho más allá del mundo del golf.

-MENSAJE-

Debemos aprender a conducirnos en cada área de nuestras vidas, para poder liderar a otros y ser todo lo que somos capaces de llegar a ser.

38

LOS PEQUEÑOS EXTRAS HACEN UNA GRAN DIFERENCIA

> "Esto es lo más difícil de todo: cerrar la mano abierta por amor y mantener la modestia como dador."
> —**Friederich Wilhelm Nietzsche**

Art Linkletter es verdaderamente un icono en la historia norteamericana. Tiene más de noventa años y todavía luce radiante, nada veintiséis tramos por día, come sanamente, no fuma ni bebe, y disfruta de la vida mucho más que otras personas que conozco. Va a su oficina todos los días a las 10:00 y se queda hasta las 15:00, haciendo contactos, administrando y trabajando con las varias empresas que tiene en todo el mundo. Yo no creo que la palabra *retiro* esté en el vocabulario de Art.

Art nos brinda este maravilloso consejo: "Haz un poco más de lo que te pagan para hacer, da un poco más de lo que debes dar, esfuérzate un poco más de lo que quieres esforzarte, apunta un poco más alto de lo que crees posible, y da muchas gracias a Dios por la salud, familia y amigos".

Tomemos las maravillosas observaciones de Art y llevémoslas un poco más lejos. "Haz un poco más de lo que te pagan para hacer" es un buen consejo, sin importar cuán "servil" pueda ser tu trabajo. Colin Powell, ex presidente de la Junta del Estado Mayor de los Estados Unidos, obtuvo su primer empleo limpiando pisos en la planta de Pepsi-Cola. Él resolvió ser mejor que ninguno de los que habían estado antes. Es verdad que "cuando haces más de lo que te pagan por hacer, llegará el día en que te pagarán más por lo que haces".

"Da un poco más de lo que tienes que dar." Todos hemos oído sobre "andar la milla extra", pero la gente parece haber perdido de vista el impacto energizante que tiene el dar a los demás. Dar más de lo que debemos dar es siempre una manera para hacer amigos, edificar una carrera, solidificar una familia, que los psicólogos afirman que nos energiza psicológicamente. Me enorgullece decir que los estadounidenses están entre las personas más generosas del mundo, ya que dan desinteresadamente de su tiempo y dinero.

"Nuestros deseos se prolongan cuando nuestro sol declina."
—**Edward Young**

Cuando Art dice que nos esforcemos más de lo que queremos esforzarnos, nos anima a ser mejores personas. Es cierto que todos tenemos recursos que aún no hemos descubierto. Todos hemos oído sobre "el segundo aliento", pero los psicólogos han validado el hecho de que podemos tener un tercero, un cuarto y hasta un quinto aliento. Puedo decirle como ex corredor –ahora soy un "caminador" ligero– que en muchas ocasiones no "sentía" que podía hacer quince pasos más, mucho menos media milla. Para mi deleite, muchas veces cuando agregué un poco más de esfuerzo fui reenergizado, y pude correr el doble de lo que pensaba que podría.

"Apunta un poco más lejos de lo que crees posible" es un consejo sano. Los entrenadores personales le dirán que el problema que la mayoría de las personas tienen cuando levantan pesas, es que no creen que podrán levantar tanto peso como en realidad pueden, y de ese modo minimizan y retrasan su progreso. Es más sencillo alcanzar más logros cuando alguien a quien respetamos nos anima, reafirma y alienta a alcanzar un nivel mayor de desempeño. Podemos enseñarnos a nosotros mismos a ser nuestros mayores fanáticos por medio de considerar la posibilidad de apuntar un poco más alto.

Por último, Art dice: "Da muchas gracias a Dios por tu salud, familia y amigos". Muchas veces damos por hecho el tema de la salud hasta que es demasiado tarde. Ciertamente debiéramos ser agradecidos por la salud que tenemos y comer sanamente, hacer ejercicio regularmente y agradecerle a Dios por la buena salud. Muchas veces también damos por sentado la relación con nuestros amigos y familiares, hasta que algo ocurre, ya sea la muerte, el divorcio o que se van a vivir a otra parte. Las investigaciones indican que cuanto más cercanos estamos a nuestros familiares, más efectivas serán nuestras vidas. Y el punto es este: "Cuanto más le agradezca a Dios por lo que tiene, más tendrá para agradecerle a Dios".

-MENSAJE-

Haga más, esfuércese más, apunte más alto y dé gracias. Ciertamente recibirá los beneficios.

39

LA CERDA "DIVINA"

Un artículo del *Pittsburgh Post-Gazette* del 15 de octubre de 1998, escrito por Michael A. Fuoco, nos cuenta la increíble historia de lo que es verdaderamente uno de los incidentes más inusuales que he leído. En una versión condensada, esto es lo que ocurrió:

Cuando la señora Joann Altsman aceptó traer una cerda vietnamita Potbellied y cuidarla por unos pocos días para su hija, no tenía idea de que Lulú sería el instrumento que literalmente salvaría su vida. El 4 de agosto Lulú hizo algo que el perro de la ficción, Lassie, nunca habría podido igualar en todos los años que salió en televisión, y en las innumerables ocasiones que fue al rescate. Hago esta observación de Lassie, porque aunque el señor y la señora Altsman tienen un perro esquimal americano que le ladraba a ella después de que colapsó y trató de pedir ayuda rompiendo la ventana de su habitación –una historia bastante interesante de por sí–, Lulú, la cerdita, hizo mucho, mucho más.

> "Son las circunstancias y el tiempo adecuado lo que le dan a una acción su carácter y la hacen buena o mala."
> —**Agesilaus**

La señora Altsman, que había tenido un ataque cardíaco hacía dieciocho meses, comenzó a gritar pidiendo auxilio y que llamaran a una ambulancia. Lulú, viendo que ella estaba llorando, comenzó a llorar también. Según la señora Altsman, Lulú derramaba lágrimas grandotas. Pero luego la cerdita se calmó y se dirigió hacia afuera de la casa, saliendo por la puertita del perro y cerdo hacia el jardín. Por favor, entienda que Lulú nunca había abandonado los confines del jardín, excepto para algún paseo con su correa, pero ella supo que había pasado algo fuera de lo común. Se las arregló para abrir la puerta de la verja y salir a la calle.

Luego, la señora Altsman dijo que Lulú esperó hasta que un auto se aproximó y, luego que hubo pasado, cruzó la calle y se sentó allí. Finalmente un motociclista se detuvo por causa de la cerda que yacía boca abajo, y descendió. Lulú ya sabía lo que tenía que hacer. Guió al conductor hasta la casa para el rescate. La señora Altsman dijo: "Escuché a un hombre gritar por sobre la puerta: 'Señora, su cerda está en gran angustia'". Entonces la mujer respondió: "No, ¡soy yo quien está angustiada! Por favor, llame a una ambulancia". Y en pocos minutos llegó la ambulancia.

"Lo más hermoso que podemos experimentar es lo misterioso. Es la fuente de toda ciencia y arte verdaderos."
—**Albert Einstein**

Cuando los paramédicos llegaron le proporcionaron ayuda inmediatamente. Mientras cargaban a la señora Altsman a la unidad, Lulú trató de ir con ellos, pero los paramédicos le dijeron que ya había hecho suficiente por el día, y que se quedara en casa. No fue sino hasta un tiempo después que se dieron cuenta de que Lulú se había cortado en su estómago al intentar salir por la pequeña puertita del perro.

Esta es una historia bien asombrosa. Pero hay algo que no puedo pasar por alto, y simplemente debo agregar: como cristiano, creo que La Biblia es La Palabra inspirada de Dios. En el Salmo 139:16 dice que nuestros días están contados aún antes de nacer. No era el tiempo de la señora Altsman para partir. Pero Dios una vez más demostró su amor, compasión e ingenio cuando, de todas las cosas, envió a una cerda a ser el instrumento de salvación para ella. Los paramédicos dijeron que si la hubieran hallado quince minutos más tarde, probablemente habría muerto.

También creo que Dios estuvo en el asunto, simplemente porque hay muchas coincidencias en la anécdota. Se suponía que la señora Altsman iba a tener a Lulú por cinco días. Luego su hija le pidió que la tuviera un fin de semana más, y luego una semana más, y otra y luego otra. La puertita del perro y cerdo ya había sido agrandada un par de veces. Si no hubiera sido agrandada la última vez, tal vez Lulú no podría haber pasado a través de ella. Alguien dijo una vez que las coincidencias son la manera de Dios de permanecer anónimo. Estoy seguro que la señora Altsman está feliz de que, anónimo o no, Dios envió a Lulú en su rescate.

-MENSAJE-

Las palabras "estúpido animal" ciertamente no se aplican aquí. Además de la inteligencia innata de Lulú, ella demostró compasión, empatía, persistencia, creatividad, abnegación, simpatía, determinación y, más que nada, amor. Esas son cualidades que aún las personas pueden usar para beneficio de los demás.

40

EL HUÉRFANO QUE LOGRÓ EL ÉXITO CON LAS HAMBURGUESAS

"Si un hombre posee un talento y no sabe usarlo, ha fracasado. Si tiene un talento y solo usa la mitad de él, ha fracasado en parte. Si posee un talento y aprende de algún modo a usarlo enteramente, ha triunfado gloriosamente y ganado una satisfacción y una victoria que pocos hombres conocen."
—William Lindsay White

Todos los que leen esto, probablemente ya saben que Dave Thomas fue el fundador de la hamburguesería Wendy's. Su apariencia benévola en televisión lo ayudó a representar a su empresa de una manera extraordinariamente efectiva. Seguro que, además, ya sabe que él era huérfano y fue adoptado. Pero hay mucho más que eso en su historia.

Parece ser que desde los ocho años Dave ya sabía que quería estar en el negocio de las hamburguesas. Pero antes de llegar allí cocinaba de todo menos hamburguesas, incluyendo pollo y pescado con papas fritas. Nacido el 2 de julio de 1932 en Atlantic City, New Jersey, Dave nunca conoció a sus padres. Fue adoptado por una pareja de Kalamazoo, Michigan, cuando tenía seis semanas de vida. Desgraciadamente, su madre adoptiva falleció cuando él tenía solo cinco años. Desde ese momento él se mudó de Estado en Estado según su padre adoptivo conseguía trabajo.

Cuando tenía quince años, su familia se mudó a Fort Wayne, Indiana, y Dave consiguió empleo como encargado de mesas en el restaurante Hobby House. Luego, cuando su familia se mudó de nuevo, Dave tomó una decisión que impactó su vida profundamente. Decidió quedarse donde estaba, tomó un cuarto en un hotel de la Asociación Cristiana de Jóvenes y continuó trabajando por largas horas en el restaurante. Como resultado, abandonó la escuela luego de completar el décimo grado. Cuando tenía dieciocho años decidió unirse a la armada, y asistió a la escuela de cocina y panadería de la armada antes de servir en un viaje de servicio en Frankfurt, Alemania. Aquí se convirtió en uno de los soldados más jóvenes en manejar un club de soldados de tropa.

"El gran secreto del éxito en la vida de un hombre, es que esté listo cuando la oportunidad se presente."
—Benjamín Disraeli

Luego de su ejercicio allí, regresó al restaurante Hobby House y trabajó como cocinero. Ahí conoció a su futura esposa, Lorraine, una camarera. Se casaron en 1954. En 1962 ingresó a Kentucky Fried Chicken, y manejó cuatro negocios de comidas para llevar en Columbus, Ohio, y los llevó de la bancarrota a una ganancia personal de un millón y medio de dólares. Fue millonario a la edad de treinta y cinco años. Luego de dejar Kentucky Fried Chicken, ayudó a fundar Arthur Treacher's Fish & Chips. Pero Dave se aferraba a la idea de que el negocio de las hamburguesas estaba donde él quería estar. Abrió su primer Wendy's el 15 de noviembre de 1969 en Downtown, Columbus. Lo llamó así luego de que su hija mayor, Melinda Lou, fuera llamada Wendy por su hermano y hermanas.

Al principio su ambición era modesta. Solo esperaba algún día tener varios restaurantes alrededor de Columbus que le proveyeran un lugar a sus hijos donde trabajar en el verano. Pero sus sueños se expandieron mientras sus restaurantes crecían, no solo en Columbus, sino en otras zonas del país. Hoy hay varios miles de franquicias, y Wendy's parece no tener límites para una expansión futura.

Pero lo que separa a Dave Thomas del resto, es que era consecuente. Él creía que el trabajo duro, la paciencia y la honestidad son las bases para el éxito permanente en el mundo de los negocios, como también en la vida personal. También sabía que el compromiso hace la diferencia en el éxito o el fracaso de muchas personas.

Si usted no ha tomado un compromiso –ya sea en su matrimonio, negocios, o en la búsqueda de metas como ciudadano– cuando se encuentra con un obstáculo en el camino, su primera reacción es buscar maneras de salir del asunto en vez de salvarlo. Uno encuentra lo que busca. Los pilares fundamentales del compromiso y la persistencia sobre las cuales Dave Thomas fundó su imperio, nos servirán también a nosotros.

-MENSAJE-

Dave Thomas tenía un sueño y el sueño lo tenía a él. Su escalada hacia la cima incluyó muchos picos y también valles, pero su sueño le permitió escalar las alturas y dejar un legado.

41

ESCOGER UNA OPCIÓN DE ESCOLARIZACIÓN

El ejemplar del 2 de junio de 2000 del *USA Today* señaló al alumno de séptimo grado George Abraham Thampy, como el mejor deletreador del país. Ganó un premio de diez mil dólares, recibió un juego de enciclopedias y un bono de ahorro de mil dólares. George deletreó correctamente "maniobra" [N. de la T.: en el original, *démarche*, gestión o representación diplomática] para ganar el Concurso Nacional de Deletreo del Círculo de Amigos Scripps Howard en Washington D.C. Había llegado al cuarto puesto en 1998 y al tercer lugar en 1999. Pero deletrear no es el único talento de George. Una semana más tarde logró el segundo puesto en el Concurso de la National Geographic, también en Washington, donde ganó quince mil dólares. "No son en realidad los premios en efectivo ni los trofeos. Eran en verdad las palabras", George explicó la causa de por qué regresó al concurso de deletreo por tercera vez.

> "Aquellos que buscan educación en las sendas del deber, son siempre engañados por la ilusión de que el poder en manos de un amigo es una ventaja para ellos."
> —**Henry Brooks Adams**

Tanto el subcampeón, Sean Conley, de Newark, California, y la concursante que ganó el tercer puesto, una joven de catorce años llamada Alison Millar, de Niskayuna, New York, fueron escolarizados en su casa. Él afirma que lo que hace interesante para él este método de recibir educación en el hogar, es que sus padres le permiten ser flexible y le dan la oportunidad de estudiar otra cosa más, como ser latín.

Poder elegir una opción de plan de estudios parece funcionar bastante bien con estos niños. Y cuando los padres están calificados para enseñar, los resultados a nivel nacional validan el hecho de que sirve la enseñanza en el hogar. Eso nos lleva al próximo tema, que es darles a los padres la posibilidad de elegir en dónde quieren educar a sus hijos.

"La opinión pública siempre está más adelantada que la ley."
—John Galsworthy

Una de las razones por las que las escuelas públicas no andan tan bien como podrían, es que han atado las manos de sus maestros y directores, muchos de los cuales hacen un trabajo maravilloso, dadas las circunstancias. A los maestros se les indica que no deben enseñar absolutos morales, sino dejarle al niño la elección de lo que es bueno para ellos. Pero la mayoría de los pequeños se desarrollan en lo intelectual antes de desarrollarse emocionalmente. Como resultado, mientras que los niños pueden tener inteligencia y conocimiento para salir adelante en lo escolar, todavía no tienen la madurez emocional para tomar buenas decisiones.

Creo que hay una razón por la que prácticamente todas la naciones en el mundo envían a sus hijos e hijas a los colegios secundarios y universidades estadounidenses, para obtener sus diplomas y muchas veces sus maestrías y doctorados. Sin embargo, muy pocos de ellos envían a sus hijos a nuestras escuelas públicas para obtener su educación básica. La razón: los monopolios rara vez ofrecen la manera más efectiva de maximizar los resultados. Nuestras escuelas públicas a menudo tienen una competencia simbólica, aunque las escuelas privadas y religiosas crecen a pasos agigantados.

Académicamente hablando, los secundarios y universidades dicen que sus mejores estudiantes son aquellos que han sido escolarizados en el hogar, que los segundos mejores son aquellos que han asistido a escuelas privadas y el resto, de las escuelas públicas. Esa es una de las razones por la que los políticos, particularmente los que viven en el área de Washington D.C., envían a sus hijos a escuelas privadas. Aún así algunos de ellos les niegan a los padres que trabajan el mismo privilegio.

Estudio tras estudio revela que la mayoría de los padres cree que llegada la oportunidad, tomarán una decisión responsable para la educación de sus hijos. Pero los burócratas piensan que el gobierno está mejor calificado para tomar ese tipo de decisiones. Los registros indican que no es así. Nuestras escuelas simplemente están resultando ser candidatas lo suficientemente calificadas para cubrir los puestos de trabajo de alta tecnología que están vacantes. Una investigación de el Colegio Comunitario Central Piedmont en Charlotte, Carolina del Norte, confirmó que aproximadamente trescientos cuarenta mil puestos para mano de obra altamente calificados están vacantes, simplemente porque no se están formando suficientes trabajadores calificados en nuestras escuelas y universidades.

Las buenas nuevas son que la demanda de buenas opciones de escolarización está creciendo cada día. Ciertamente los padres merecen la oportunidad de ver qué es lo mejor, al menos como prueba. La libertad de elección en la educación es ciertamente uno de los puntos prioritarios en nuestra sociedad actualmente.

-MENSAJE-

Dése la oportunidad de elegir. Lo más probable es que la competencia haga que las escuelas públicas y privadas sean mejores. Hay una razón por la que un mayor porcentaje de maestros de escuelas públicas envían a sus hijos a escuelas privadas que lo que lo hacen los otros padres.

42

TRES PERLAS SUELTAS SOBRE LA PERSEVERANCIA

Su nombre era Hal Wright, y fue el editor de un periódico del norte de Sierra. Se hizo famoso distribuyendo sus periódicos a suscriptores remotos, arrojándolos desde su avión. Murió a la edad de noventa y seis años, luego de una breve enfermedad.

> "Se conoce bajo el nombre de perseverancia si es una buena causa, y de obstinación si es una mala."
> **—Laurence Sterne**

En medio de los cincuenta años de su carrera como editor y distribuidor, se volvió una celebridad local y aun nacional, apareció en el *London Daily Mail*, en la CBS y en el *Today Show*, así como también en el programa *Ripley's Believe It or Not*. La legislatura del Estado le rindió honores. En el camino, el "Tío Sam" intervino y Wright tuvo que contratar a un abogado para hacer que la Administración Federal de Aviación le renovara su licencia de piloto. Su periódico, el cual era la mayor fuente de información para sus suscriptores, mostraba sus propias fotografías aéreas y pequeños chismes inofensivos sobre Sierra, que tenía una población de tres mil habitantes. Él y su esposa trabajaban como equipo. A ella la apodaban

"Pastelito", y juntos trabajaban para publicar el bisemanario. Ambos califican como perlas preciosas.

La segunda perla es sobre una madre devota y un jugador de fútbol demasiado pequeño en contextura. Esta madre de varios hijos estaba dedicada a cuidar de sus hijos cuando su esposo falleció. Trabajaba muchas horas en tareas de servidumbre, desde limpiar oficinas hasta repartir carbón. Al final dio el examen para servir a funcionarios, y terminó convirtiéndose en la tenedora de libros del tesorero de la ciudad. Ella usó su fuerza y amor para poder mantener a su familia junta y criar a sus hijos.

Uno de ellos, aunque pequeño, quería ser jugador de fútbol, pero ningún instituto le ofrecía beca de ninguna clase. Jugó para un pequeño instituto y se destacó. Entonces su sueño fue jugar en la NFL [National Football League]. Probó con el Pittsburg Steelers, el cual era su equipo local, pero fue expulsado del equipo al poco tiempo. Enseguida encontró un trabajo en la construcción, y ayudó a edificar algunos de los rascacielos que hoy vemos en Pittsburg, pero seguía aferrado a su sueño. No se veía como una víctima de las circunstancias, sino como una persona que tendría éxito a pesar de su tamaño.

"Danos la gracia y las fuerzas para resistir y permanecer. Danos fortaleza, alegría y paz, protege a nuestros amigos y aplaca a nuestros enemigos."
—Robert Louis Stevenson

Lo que hizo fue mirar sus opciones y decidir que comenzaría por alguna parte. Jugó en una liga pequeña que le pagaba seis dólares por juego, y donde podía mejorar sus ya considerables habilidades. Continuó estando en contacto con equipos de la NFL, con la esperanza de que alguien lo tomaría en cuenta. Luego de siete meses de intentar, recibió una invitación para probarse con los Baltimore Colts… y supongo que todos los fanáticos del football conocen el resto de la historia. Johnny Unitas fue uno de los verdaderos grandes de la historia, y ha sido introducido al Salón de la Fama de la NFL. Él era una verdadera perla.

La tercera perla preciosa era un texano que inventó la frase "¡Recuerden al Álamo!" Afortunadamente, hizo mucho más que eso. Cuando estaba a bordo de un barco proveniente de Inglaterra, Gail Borden vio a niños morir como consecuencia de beber leche contaminada. La experiencia impactó su vida para siempre. De hecho, dedicó el resto de su vida a encontrar una manera para que los humanos puedan beber leche de un modo seguro. Sus experimentos con leche condensada fallaron, pero entonces una vez vio cómo los cocteleros de Nueva York condensaban azúcar de maple en una olla hermética.

Su éxito consiguió una leche sana en un mundo donde aún no existía la refrigeración, comenzó la industria lechera moderna y lanzó una empresa multimillonaria. Sí, Gail Borden fue una verdadera perla. En su lápida se encuentran las siguientes palabras de animosa perseverancia: "Probé y fallé. Probé nuevamente y lo logré".

-MENSAJE-

Combine el compromiso, la determinación, la perseverancia y una firme creencia en que usted puede vencer las probabilidades y alcanzar el sueño imposible.

43

UN CONSEJO BIEN INTENCIONADO

Recientemente un columnista de un periódico estuvo frente a un problema. Una mujer joven que tenía un buen carácter moral, era excelente estudiante, hija respetuosa y aparentemente una buena persona, escribió pidiendo consejo sobre su dilema: a su padre nunca le complacía nada de lo que ella hiciera. Siempre estaba criticándola, encontrando errores como si le dieran un premio por hacerlo y, en general, constantemente desanimándola.

> "La ventaja de alabarse a sí mismo es que uno puede exagerar y hacerlo justo en los lugares indicados."
> —**Samuel Butler**

El columnista le dio el siguiente consejo: "Simplemente ignóralo y sigue con tu vida". Yo creo que fue un consejo pésimo. Aconsejarle a alguien que ignore a un padre que constantemente está encontrando faltas, es como aconsejarle a alguien que ignore un brazo quebrado. Hay una forma mejor de hacerlo.

Eleanor Roosevelt dijo: "Nadie en la tierra puede hacerte sentir inferior sin tu permiso. Sencillamente no se lo des". Recuerde que usted es alguien muy especial para Dios. Esta joven sin dudas significa mucho para su madre, y probablemente también para su padre, quien es pésimamente brusco en las relaciones humanas.

Esta joven seguramente sabe que su padre tiene algunas buenas cualidades, o de lo contrario su madre nunca se hubiera casado con él. Quizás es un buen proveedor del hogar, un marido fiel y honesto. Tal vez ama a su prójimo, pero no sabe cómo expresar amor por su hija y alentarla en sus cualidades positivas. Yo le aconsejaría a esta joven que la próxima vez que su padre la critique, le responda con una sonrisa: "¿Sabes, papi?, no me había dado cuenta que no lo estaba haciendo tan bien como podría. Esa es una de la razones por las que te amo, papá". ¿Resultará fácil hacerlo? No, pero continúe leyendo.

"Hay un momento de dificultad y peligro en el cual la adulación y falsedad ya no pueden engañar, y la simplicidad misma ya no puede ser engañada."
—**Junius**

Luego, cuando ella vea a su padre haciendo algo así como ayudar a su madre con alguna tarea del hogar, llegar a casa temprano para la cena o algo que demuestre que a él le interesa la familia, la joven debería decirle: "Papá, eso es realmente amable de tu parte. Apuesto a que muchas familias apreciarían tener un marido y un padre tan ingenioso como tú. Eso me hace sentir orgullosa de ser tu hija".

Cuando su padre llegue de trabajar, ella debería darle la bienvenida y decirle: "Papi, ¡qué bueno que llegaste! ¡Dame un abrazo!" Si su padre no es de los que suelen abrazar, esa estrategia pronto lo convertirá en uno. Francamente, hay muy pocos padres que no responderían ante un abrazo cálido y genuino de sus hijas.

Otro paso es un cumplido conocido. Por ejemplo –¡asegúrese que sea cierto!–, ella puede decir: "¿Sabes papá?, le estaba diciendo a una de mis compañeras de trabajo o estudio hoy lo solícito que eres con las necesidades de la familia y cuánto te apreciamos y respetamos por eso. Ella me respondió: '¡Eso suena fantástico!'", o algo por el estilo. Para estas alturas su corazón se irá suavizando. Luego ella puede gastar un par de monedas y comprarle una tarjeta –no esperar hasta el Día del Padre para hacerlo– y decirle a su padre: "No pude esperar hasta el Día del Padre para dártela. Quería ver una sonrisa en tu rostro hoy".

Mi amigo y mentor Fred Smith me enseñó que la mayoría de las personas que son antipáticas, desagradables y ordinarias con uno –como aparentemente era el padre de esta jovencita– no lo hacen porque quieren lastimarnos, sino porque ellos mismos están heridos. Esta visión en las relaciones nos quitará algo de esa herida. La joven no tiene nada que perder y mucho que ganar con intentarlo. Me gustaría que leyera lo que he escrito y lo intente, porque estoy convencido de que eso hará una diferencia. También estoy convencido de que habrá muchos lectores que están en la misma situación, así que esta estrategia también fue escrita para usted.

-MENSAJE-

El amor genuino y el respeto manifestado en forma de cumplidos sinceros y afectuosos, penetrará, con el tiempo, y derretirá aun al corazón más duro.

44

LA POSICIÓN SÍ IMPORTA

Hace poco tiempo mi esposa y yo tuvimos un almuerzo en Chuck's, uno de nuestros lugares favoritos para ir a comer. Comida deliciosa, buen servicio, precios razonables y una atmósfera divertida. Cuando estábamos comiendo, mi esposa se distrajo con una conversación que provenía de detrás de ella, y yo quedé fascinado con un juego de pool que transmitían por televisión. Esas mujeres profesionales estuvieron jugando por bastante tiempo, y eran buenas, ¡muy buenas!

> "El cielo da sus vislumbres solo a aquellos que no están en posición de mirar demasiado cerca."
> **—Robert Frost**

Tanto como puedo decir, estaban jugando "rotación", es decir que tenían que embocar las bolas por su número de orden. En ese juego, cuando uno emboca una bola en una tronera, debe estar en posición para embocar el próximo allí también. Requiere considerable habilidad y concentración meter la bola en una tronera y tener la "blanca" yendo para adelante y atrás, rebotando contra la banda de la mesa de billar… ¡era algo muy interesante de ver! No se requiere mucha habilidad para embocar una bola cuando el tiro es directo. Pero pegarle a esa bola para meter en la tronera indicada y luego dejarla en posición para pegarle a la próxima, es la clave para ganar.

Mientras miraba se me ocurría que así es la vida real. John Wooden, probablemente el mayor entrenador de básquet de toda la historia, les enseñaba a sus jugadores que si un compañero te pasaba la pelota porque tú estabas en la mejor posición para anotar, el que hacía la anotación siempre debía hacer un gesto con la cabeza a aquel que le había pasado la pelota. Un día un jugador le dijo a Wooden: "¿Y si él no está mirándome?" El entrenador Wooden simplemente le contesto: "Él estará mirándote".

> "Para ser amado, sé amable."
> —Ovid

Eso es la vida. Primero, debemos ponernos en posición. Segundo, cuando alguien nos pone en posición de anotar, debemos reconocer el favor, porque eso nos posiciona con nuestros otros compañeros de equipo para recibir más favores. No es porque lo hagamos así, sino porque es la manera en que la vida funciona.

Las cosas que decimos a una persona hoy también nos pondrán en posición mañana de ser amigos de esa persona, o de perderla como amiga, dependiendo del tono de voz y de lo que decimos. La actitud que transmitimos en nuestro trabajo hoy nos pondrá en posición de escalar hacia la cima, o nos pondrá en posición de dirigirnos a la puerta de salida. La base que un joven edifica en su orientación educacional en esos primeros años, lo posiciona para una educación superior y una carrera exitosa en los negocios. Cuando aprendemos a hacer bien nuestro trabajo, eso nos posiciona para enseñarle a alguien más a hacer el trabajo. Y la forma en que ascendemos en la escala social, en la mayoría de los casos, es estar cambiando constantemente, a través de la enseñanza, del entrenamiento e inspirando a otros.

Eso opera también en la vida personal. Las relaciones que tengamos con nuestra familia nos pondrán en una posición de tener una gran actitud cuando salimos de nuestra casa y nos preparamos para ser eficaces en el trabajo, o nos podrán dar una mala actitud y llegaremos malhumorados. Eso nos pone en posición de hacer nuestro mejor esfuerzo ese día.

Todo se edifica sobre otra cosa. Las palabras que decimos, las acciones que hacemos, las actitudes que tenemos, si somos amigables, si tenemos un espíritu de cooperación y trabajo en equipo, todo suma hasta ponernos en una gran posición para continuar avanzando en todas las áreas de nuestra vida, o hasta dejarnos fuera de juego. El pensamiento debe ser: "¿Qué efecto tendrá esto en los demás?" Cuando pensemos en eso por tan solo un momento, llegaremos al hábito de ser buenas personas, lo que nos pone en posición de hacer lo correcto, lo cual a su vez nos permite alcanzar más de las cosas que la vida tiene para ofrecernos.

-MENSAJE-

Cada paso o movimiento que hacemos tiene un efecto sobre nuestro futuro. Esa es la razón por la que debiéramos considerar cada paso como lo hacen los maestros de ajedrez: calcular cuidadosamente lo que sucederá como resultado de nuestra próxima movida.

45

ANIMAR A OTROS NOS AYUDA

> "Creo que ninguna clase inocente de agudeza o cumplidos debería ser reprimida; y que un buen juego de palabras puede ser permitido entre las más pequeñas excelencias de una conversación entusiasta."
> —**James Boswell**

Quiero contarles algo que sucedió inmediatamente después de y como resultado directo de lo que los participantes aprendieron en uno de nuestros seminarios especiales de dos días *"Born to Win" [Nacidos para ganar]*.

Cuando alguien hace un aporte en *"Nacidos para ganar"*, animamos a otros a escribirle una nota de aliento en los anotadores que entregamos y que dicen "Me gusta... porque...". Luego de que este seminario hubo finalizado, un grupo de once participantes, incluyendo Gina Womack, quien por ese tiempo era nuestra gerente asociada, fueron a cenar al restaurante Trail Dust Steakhouse. Gina contó que ese día les tocó una camarera verdaderamente fantástica, llamada Wendy, quien les brindó un servicio excelente.

Luego de ordenar el pedido, el grupo tuvo un maravilloso tiempo contando anécdotas, hasta que uno de los hombres, Peter Tricklebank, de Australia, sugirió escribir una de esas notas "Me gusta... porque...” para Wendy. Como no tenían los anotadores encima, improvisaron uno usando una servilleta. Peter escribió su nombre y junto a él puso lo que le gustaba de Wendy. Luego lo pasó al que estaba sentado a su lado, y así sucesivamente, a cada uno de los presentes, y ellos escribieron algo sobre una conducta específica que les gustaba de Wendy. La servilleta acabó completamente cubierta, del derecho y del revés, y luego cada uno le adjuntó su tarjeta personal.

> “No podemos decir el momento preciso en que una amistad se formó. Así como cuando se llena una vasija gota a gota, hay al menos una gota que hace que esta rebalse; así también en una serie de bondades hay al menos una que hace que el corazón desborde.”
> —**James Boswell**

Al final de la cena el grupo le pidió a Wendy que volviera a la mesa. Cuando regresó, según cuenta Gina, le entregaron la servilleta y, textuales palabras de Gina, “la sonrisa más grande que he visto en mi vida se formó en su rostro. Ella sencillamente rebosaba de felicidad”. En ese momento la aplaudieron por aproximadamente tres minutos. Todo lo que Wendy podía hacer era sonreír y reírse en completo deleite. Al salir de allí muchos de ellos la abrazaron y le agradecieron por su excelente servicio. “Ella comenzó a llorar cuando atravesó la puerta. Una vez afuera –señaló Gina–, todos nosotros estábamos increíblemente emocionados, hablando acerca de lo bien que nos sentíamos y lo poderosas que eran las palabras”.

Gina les aseguró a todos que Wendy tal vez no recordaría la noche anterior o la posterior, pero les garantizó que en diez años más seguiría recordando esa noche en particular. “Una cosa que les aseguro es que yo también recordaré esa noche”, concluyó.

Una de las cosas que todas necesitan casi a diario, es una palabra de aliento de alguien que diga “Bien hecho”. Las esposas las necesitan de sus maridos, los maridos de sus esposas. Los hijos las precisan de sus padres y –sí, hijos– los padres las necesitan de parte de sus hijos. En nuestra profesión, "Buen trabajo", "Bien hecho", "Gracias por ser tan eficaz", "Aprecio tu diligencia". Una palabra de ánimo sobre alguna conducta positiva que observamos, puede hacer una diferencia enorme en la vida de alguien. No espere hasta la Navidad, el Día de Acción de Gracias, el año nuevo, los cumpleaños o el aniversario para hacer lo correcto. Usted se sentirá mejor, la otra persona se sentirá mejor, y sospecho que en muchos de los casos esos "Me gusta... porque..." llegarán en un momento importante de la vida de esa persona.

En el mundo muchos andan por ahí hiriendo a las personas, y nunca sabemos cuándo una palabra de afirmación iluminará el día de ese alguien. Sospecho que Wendy tendrá muchos días en los que se sentirá mejor gracias a esa noche. Además, creo que ella le mostrará esa servilleta a sus amigos, parientes, ¡y tal vez hasta a extraños! Póngalo en palabras y se sorprenderá del impacto que producirá. Ocúpese de animar a otros, y le aseguro que usted también será animado.

-MENSAJE-

Algunos creen que los halagos son solo más aire. Pero cuando recordamos que los neumáticos sobre los cuales andamos están llenos de aire y consideramos cuánto más fluido eso hace nuestro andar, deberíamos elogiar más a los demás.

UN COMIENZO LENTO NO ES UN MAL INDICIO

"La mayoría de los obstáculos para el éxito están puestos por el hombre. Y con mucha frecuencia, tú eres el hombre que los puso."
—**Frank Tyger**

No todos nacemos con las mismas oportunidades. Pero en un período de tiempo, a pesar de quiénes hayan sido nuestros padres, en qué lugar hayamos nacido, cuál sea el panorama en nuestra comunidad o la educación que hayamos recibido, llegará el día en que tengamos que tomar la decisión de dejar que nuestro pasado nos enseñe... o que nos destruya.

Algunos de nosotros llegamos a este mundo con discapacidades físicas, otros con problemas emocionales y aun otros con la ventaja de tener una familia intacta. Todos estos factores son vitales para el éxito de un individuo. Aun con esas cosas en nuestra contra, todavía tenemos la responsabilidad fundamental de asumir el control y hacer algo con nuestras vidas.

Winston Churchill, quien tenía sesenta años antes de ganarse el respeto y reconocimiento, comenzó su vida con una dificultad en el habla –ceceaba y tartamudeaba–. Fue un estudiante mediocre, perdió un año y en una ocasión fue el peor estudiante de su clase. Eso a pesar de que su padre era un orador elocuente y directivo en la Casa de los Comunes. Muchos pensaron que Winston no había heredado mucho de su padre, pero al final fue considerado uno de los oradores más grandiosos en la historia, no por su elocuencia, sino por el contenido, sinceridad y convicción de sus mensajes. Se le adjudica haber salvado al mundo libre a través de sus discursos de radio dirigidos a los británicos, cuando los nazis habían tomado la mayor parte de Europa y estaban determinados a invadir Inglaterra.

Muchos de los maestros de Thomas Edison pensaban que tenía serios problemas de aprendizaje. Divagaba en la escuela y preguntaba cosas que parecían no tener sentido. Su madre lo sacó del colegio y lo educó en el hogar. Él es reconocido como el inventor que tuvo mayor impacto en el siglo XIX en los Estados Unidos de Norteamérica.

Clint Lewis de Magna, Utah, nació corto de vista y a los pocos años perdió completamente la visión. Hoy Clint Lewis es el entrenador de lucha en el Colegio Secundario Brockbank Junior. En el año 2000 su equipo fue invicto y participó de los campeonatos del Estado. Lo emocionante de todo esto es que sus luchadores eran jovencitos de séptimo y octavo grado, y no tenía estudiantes de noveno grado. Él es optimista y cree que el futuro será aún mejor para los equipos.

Cuando Clint era considerado para el puesto de entrenador de lucha, recibió muchas críticas. La administración no podía imaginarse, como dijo Clint, "a un ciego enseñándoles a los niños a luchar". Pero Clint es optimista, esperanzado y muy entusiasta. Él mismo fue campeón estatal en lucha, aunque era ciego, y su optimismo y pensamiento positivo son mayores aún. Y le encanta entrenar a sus niños. Esa es una combinación ganadora en cualquier idioma. Clint no tuvo un buen comienzo, pero parece que se dirige hacia un buen final.

Hay un mensaje en todo esto, y está principalmente dirigido a los padres y maestros. El alumno con dificultades, o el que no responde temprano, puede ser una estrella brillante en los años venideros. Esa es una de las causas por las que mi madre nunca se dio por vencida con ninguno de sus hijos. Tampoco se dio por vencida con ninguno de los nietos. Su fe, creencias y aliento tuvieron un profundo impacto sobre nuestras vidas.

Los libros de historia están llenos de personas que tenían motivos para abandonar al principio, pero recibieron una palabra de aliento, se hicieron persistentes y trabajaron duro. Desarrollaron las características de la sinceridad, integridad, fe, amor, lealtad, entusiasmo, compromiso y responsabilidad. También aprendieron a amar y respetar a los demás, transformándose en personas que marcaron una diferencia para las vidas de muchos otros. Entonces aférrense a esto, padres y maestros. Animen a los jóvenes tempranamente en sus vidas. Después de todo, no es el comienzo, sino a dónde nos dirigimos, lo que marca la diferencia. Y quizás lo más importante de todo: no es lo que obtenemos al triunfar en la vida, sino en lo que nos convertimos a través de ese triunfo.

-MENSAJE-

La esperanza es la cualidad esencial de todo cambio, y el aliento es el combustible con el cual la esperanza anda. Palabras de ánimo tendrán un impacto positivo en el destinatario.

47

¿ESTO ES AMOR?

En los últimos años existe una práctica común de denominar a un hijo nacido fuera del matrimonio como un "hijo del amor". ¿Entonces qué de los niños nacidos *dentro* del matrimonio? ¿Deberían sentir que ellos no son "hijos del amor"?

Para ayudar a clarificarlo, veamos la definición de *amor*. El diccionario identifica *amor* como "un afecto de la mente, excitada por una belleza y valor de cualquier tipo, o por las cualidades del objeto que comunica placer, sensual o intelectual. Un afecto fuerte por o un apego a otra persona basado en el respeto o las experiencias o intereses compartidos".

La Dra. Joyce Brothers dice que el amor es algo que todos anhelamos, y que amar y ser amados es el estado más dichoso imaginable. Afirma que el amor es "tener en cuenta de igual

> "Es a veces espantoso observar el éxito que viene hasta de los transgresores de la ley que usan técnicas refinadas... Pero creo que debemos tener en cuenta el carácter al final, porque él es una fuerza tan poderosa en el mundo de los conflictos como lo es en nuestros asuntos cotidianos. Es lo que da el golpe final en cualquier batalla."
>
> —**Phillip D. Reed**

forma los objetivos y el bienestar de otra persona, como lo hacemos por nuestros propios objetivos y bienestar".

El Dr. J. Allan Petersen enumera cuatro palabras que describen el amor.

Primero está *stergo*, lo que describe como el amor que los padres tienen por sus hijos. Esa es la clase de amor que un padre tiene por su descendiente. Puede llegar a ser, y con frecuencia lo es, sacrificial.

La segunda clase de amor es *eros*. Aunque *eros* generalmente lleva una connotación negativa, puede ser tanto bueno como malo. Se basa primordialmente en lo físico, disparado por una emoción. *Eros* es el centro del deseo sexual y los sentimientos románticos.

La tercera es *phileo*. Esta clase de amor es "un cariño o una simpatía basada en la similitud de actitud de vida".

La cuarta, y sencillamente la clase de amor más bella, es el amor *agape*. Peterson observó que esta clase de amor brota del corazón de una persona por un vivo sentido de valor en el objeto amado, que hace que uno lo estime. Este amor no busca nada a cambio, ni siquiera busca aceptación de sí mismo, sino que se preocupa primero por el otro. Es el amor principal y saca lo mejor de cada uno de nosotros.

Hace casi dos mil años, un erudito judío les escribió a sus amigos en Corinto y les describió el verdadero amor. *"El amor es paciente, es bondadoso. El amor no es envidioso ni jactancioso ni orgulloso. No se comporta con rudeza, no es egoísta, no se enoja fácilmente, no guarda rencor. El amor no se deleita en la maldad sino que se regocija con la verdad. Todo lo disculpa, todo lo cree, todo lo espera, todo lo soporta. El amor jamás se extingue, mientras que el don de profecía cesará, el de lenguas será silenciado y el de conocimiento desaparecerá"* (1 Corintios 13:4-8). Esa definición pone en claro que el fruto de una relación adúltera no es "el hijo del amor".

¿Un niño que es resultado de una relación ilícita disfrutará de todos los beneficios que otros niños tienen en común? Hay claras evidencias de que este niño no tendrá los mismos beneficios que los otros niños. Dios lo amará tanto como ama a todos los demás, pero ese niño o niña tendrá que cargar con un estigma sin haber cometido ninguna falta. Terriblemente triste.

-MENSAJE-

Aunque los "hijos del amor", un término que creo que fue inventado para ser "políticamente correcto", es menos dañino que el rótulo que se le daba anteriormente a un niño nacido fuera del matrimonio, es una expresión que romantiza una situación muy dolorosa y perjudicial para una criatura. Los verdaderos hijos del amor son aquellos nacidos de un marido y mujer que los crían juntos, les dan un nombre y el mejor comienzo posible para alcanzar el éxito en su vida.

48

USTED ES LA TERCERA PERSONA

"Usted, por sí mismo, debe comprobar que no hay interpretación justa de la vida, excepto en términos de las mejores cosas de la vida. Ninguna filosofía del placer, ninguna sensualidad, ninguna posición ni poder, ningún éxito en lo material, puede por un momento dar tal satisfacción interior como la que da el sentido de vivir para alcanzar propósitos nobles, para mantener la integridad, para la preservación de la autocomplacencia."
—**Minot Simona**

Hace algunos años escuché la siguiente declaración: "Cada tercera persona es o notablemente bella, o inusualmente inteligente, o increíblemente apuesta y absolutamente brillante". Le animo a tomar nota mentalmente de esto. Las próximas dos personas que vea, mírelas bien. Al hacerlo, ¡seguramente llegará a la conclusión de que no es ni una cosa ni la otra! Eso significa que tiene que ser usted, si es que la fórmula es correcta. Cuando piense acerca de esto en esos términos, creo que llegará a la conclusión de que esa tercera persona tiene que ser usted.

Desde este momento en adelante le animo a pensar de sí mismo como en esa "tercera persona". Como tal, quiero transmitirle algunas consideraciones sobre usted mismo. Muchos millones de personas han pasado por esta Tierra, pero nunca ha habido ni habrá una persona exactamente igual a usted. Su singularidad es lo que le otorga un valor real. Piense en esto: si un hombre pudo tomar un pan enmohecido y sacar penicilina de allí, piense en lo que un Dios asombroso como el nuestro puede hacer de usted. Escuche lo que san Agustín dijo en 399 d.C. –y yo lo parafraseo así–: "El hombre viaja cientos de kilómetros para contemplar la amplia extensión del océano. Mira con asombro hacia los cielos. Contempla maravillado los campos, las montañas, los ríos y arroyos. Y luego se marcha con un solo pensamiento: la asombrosa creación de Dios".

"Los hombres que han logrado cosas dignas de alcanzar en este mundo, han trabajado mientras otros holgazanearon, han perseverado mientras otros se rindieron en desesperanza, han practicado temprano en la vida los valiosos hábitos de la abnegación, la productividad y la determinación. Como resultado, disfrutan más adelante en sus vidas el éxito erróneamente atribuido a la buena suerte."
—**Grenville Kleiser**

Es importante que usted piense correctamente, no de forma egoísta, sobre usted mismo, porque la manera en que usted se ve tiene una consecuencia directa sobre cómo usted ve y trata a los demás. Si se considera feliz, seguro, autosuficiente y buen amigo, atraerá personas felices, seguras, autosuficientes y buenas amigas.

Llevarse bien con los demás requiere eliminar los prejuicios, los cuales, en casi todos los casos, son circunstanciales y basados o en la ignorancia o en no haber tenido una relación verdadera con los de diferente raza o cultura. Eso no quiere decir que yo estoy sugiriendo o insinuándole que tiene que estar de acuerdo con todo el mundo. Hacer eso sería invitar al desastre a su vida. Pero lo que significa es que puede no estar de acuerdo, sin necesidad de ser desagradable. Usted puede tener una opinión diferente sin negar el derecho que la otra persona tiene a opinar distinto. Cuando adopte esa actitud y tome esa postura, probablemente se sorprenderá de comprobar que en alguna ocasión el punto de vista de su amigo estaba correcto, y el suyo equivocado. Y eso da mucho que pensar.

Cuando tomamos actitudes correctas hacia otra persona, no solo evitamos que se construya una pared entre ambos, sino que –además– establecemos un punto en común y ponemos el fundamento para construir una relación. Esto es algo en lo cual meditar y algo que he descubierto ser muy beneficioso e instructivo. Le animo a que reproduzca las cintas de su vida y explore aquellas veces en que gente que era “diferente” a usted, resultó ser verdaderamente maravillosa y tenía opiniones con las cuales no coincidía, pero resultaron ser correctas. Tome el enfoque que sugiero y será una persona más feliz, saludable y amigable.

-MENSAJE-

Si usted es alguien para alguien, entonces usted es alguien. Cuando acepta el hecho de que usted es alguien, le resultará fácil tratar a los demás como álguienes” también.

49

LOS PRIVILEGIOS DE "TENER QUE"

Cuando se levantó esta mañana, ¿sus pensamientos estaban en "lo que debía hacer" o en "lo que tenía que hacer"? Si sus pensamientos estaban en "lo que debía hacer", pueden ser negativos o positivos. Por ejemplo, si "debía ir a trabajar", eso es positivo, ya que significa que tiene empleo. No solo eso, sino que tiene los medios para llegar hasta su lugar de trabajo, y tiene la salud y energía necesarias para hacer exactamente eso. De modo que su "debo" se traduce en pasos positivos que lo encaminan hacia la realización de los "tengo que", ya que al final del período laboral usted "tendrá que" cobrar su sueldo. Entonces también "tendrá que" usar ese dinero para pagar sus cuentas. Algo se destinará para comprar la comida, ropa, abrigo e, idealmente, una parte de él se destinará a su iglesia u obra de caridad favorita, así como también a sus aportes jubilatorios.

> "La clave de cualquier éxito que disfruto hoy es: 'No pregunte, haga'."
> —**Vikki Carr**

Pero en general solemos pensar de los "debo" como de algo que estamos obligados a hacer, aunque no queramos hacerlo. Por ejemplo, "debemos" pagar la cuota del auto o de la casa; "debemos" ser puntuales porque sino corremos el riesgo de perder el empleo; "debemos" hacer las cosas bien o seremos despedidos;

"debemos" llegar a casa a un cierto horario para preparar la comida para nuestra familia; "debemos" hacer esas llamadas telefónicas que habíamos evitado hasta ahora; "debemos" visitar a un familiar anciano que está en un geriátrico u hospital; "debemos... debemos... debemos".

> "Ningún hombre grande jamás se ha quejado de falta de oportunidades"
> —**Ralph Waldo Emerson**

Si nos concentramos en la línea de pensamiento de lo que "debemos" hacer, probablemente tendremos un día estresante y lo terminemos exhaustos y quizás un poco malhumorados.

Me encanta, en cambio, la perspectiva del "tengo que" que Lesleigh Ann Schaefer describe. Ella les transmite a sus lectores por Internet cómo a la edad de cuarenta y cuatro años volvió a la universidad y ahora está a punto de graduarse. Confeccionó una lista de "tengos que", la cual nos dará que pensar:

- Tengo que ir a la facultad para poder cumplir mi sueño.
- Tengo que ir a trabajar cuando tanta gente no puede.
- Tengo que hacer el lavado, agradecida de tener un lavarropas y una secadora.
- Tengo que jugar con mi gato, que me agradece la atención que le presto.
- Tengo que hacer una oración; tengo libertad de expresión.
- Tengo que recordar las cosas que me hacen feliz.
- Tengo que pasar tiempo con un amigo que necesita mi ayuda.
- Tengo que leer un libro; todavía veo bien.

Lesleigh Ann tiene un espíritu y actitud que contribuye no solo a su bienestar físico y económico, sino también a su bienestar emocional y social.

Sugerencias: tome lápiz y papel y haga una lista; elimine los "debo" y concéntrese en los "tengo que". "Tengo que ir a visitar a mi madre que está en el geriátrico", "Tengo que llamar por teléfono a un amigo que guarda reposo, para animarlo", "Tengo que escribir una nota de agradecimiento a alguien que me envió un lindo recuerdo para el día de San Valentín", "Tengo que leer ese libro que he querido leer sobre cómo obtener un aumento de sueldo", "Tengo que limpiar mi garaje y dejarlo más atractivo en caso de que tenga oportunidad que vender mi casa, para poder reducir los gastos y disfrutar más la vida".

Deje que su imaginación fluya. Enumere todas las cosas que está agradecido de poder hacer. En asombroso cuántas más emociones pueden generarse cuando nos concentramos en los "tengo que" de la vida.

-MENSAJE-

Cuando cambiamos los "debo" por los "tengo que", hemos avanzado un paso y estamos expresando gratitud. Esa es la más saludable de todas las emociones humanas.

50

INVIERTA SU TIEMPO

La mayoría de nosotros, lápiz y papel mediante, podemos llegar a la conclusión de que hay ciento sesenta y ocho horas en una semana. El modo en que invertimos esas horas es lo que determinará lo felices, saludables, prósperos y seguros que seamos, cuántos amigos y buenas relaciones familiares tenemos, y cuánta paz interior y esperanza hemos alcanzado.

> "Ascendemos a los cielos mayormente en las ruinas de nuestros planes tan acariciados, descubriendo que nuestros fracasos fueron en realidad éxitos."
> —**Amos Bronson Alcott**

Las autoridades en materia de salubridad nos dicen que debemos dormir al menos ocho horas diarias para mantener una buena salud. Agreguémosle a esas ocho horas básicas de sueño, un mínimo de una hora por día preparándonos para ir a dormir y/o levantándonos, duchándonos, afeitándonos, maquillándonos, vistiéndonos, etc. Ahí van nueve horas cada día, los siete días de la semana, ¡son un total de sesenta y tres horas! La mayoría de nosotros trabajamos ocho horas por día y algunos más que eso, pero para el que trabaja ocho horas, más el tiempo que toma llegar al trabajo y el tiempo del regreso, el relax, requiere una hora adicional, a la mañana y a la tarde. Allí van diez horas diarias, cinco días a la semana, hacen un total de cincuenta horas. A este punto, ya ciento trece de las ciento sesenta y ocho horas están comprometidas.

Para ser honestos, debemos reconocer que gastamos una hora en cada comida, no solo en comer, sino en estar sentado esperando que nos ubiquen, luego haciendo el pedido, esperando la cuenta y luego manejando de ida o de vuelta desde el supermercado, comprando, preparando la comida... allí se van otras veintiún horas. Ya hemos usado ciento treinta y cuatro horas, dejando treinta y cuatro de nuestras ciento sesenta y ocho para pasar tiempo con nuestra familia, hacer ejercicio, socializar, ocuparnos del crecimiento personal, relajarnos, ir a la iglesia, leer, ir al médico o al dentista, etc.

> "Donde termina la ambición, empieza la felicidad."
> **—Proverbio húngaro**

Sería bueno que planeáramos cuidadosamente esas horas, o de lo contrario no tendremos tiempo para nosotros mismos. Pasamos una gran parte de nuestro tiempo procurando el ingreso para alimentar a nuestras familias. A menudo le recuerdo a la gente que el dinero no es lo más importante en la vida, pero es bastante parecido al oxígeno. Es necesario para moverse en la vida. ¿Pero cuánto necesitamos y cuántas horas invertimos en la búsqueda de ese dinero?

Considere esto: si todo el oro del mundo se fundiera en un cubo sólido, este sería aproximadamente del tamaño de una casa de ocho habitaciones. Pero todo ese oro junto –de un valor de billones de dólares– no podría comprar un amigo, el carácter, la paz interior, una conciencia limpia o un sentido de eternidad. Todo esto es para decir que deberíamos mirar cuidadosamente en dónde invertimos nuestro tiempo, para ver si acabaremos al final de la senda de la vida y seremos capaces de distinguir las cosas que el dinero puede comprar, y las que no. Creo que si lo pensamos cuidadosamente, replantearemos, reevaluaremos y quizás cambiemos algunas o muchas de nuestras prioridades.

Sheila Murray Bethel, una amiga y estimada oradora, observó que nunca había conocido a una persona jubilada o a un ciudadano mayor que hubiera dicho que si tuviera que volver a vivir, iría a la oficina más temprano, se quedaría hasta más tarde, trabajaría más, o haría cualquier cosa para subir más alto y más rápido la escala social. Pero, en cambio, dijo que había conocido mucha gente que afirmó que si tuviera que volver a vivir, pasaría más tiempo adquiriendo las cosas que el dinero no puede comprar, y menos tiempo buscando las que el dinero compra. En conclusión, estaban diciendo: "Pasaría más tiempo con mi familia, cuidaría más mi salud, me enrolaría en actividades cívicas y de la comunidad, haría contribuciones a la humanidad en general".

Eso es un buen plan de vida. Un estudio publicado en *Psychology Today* [Psicología hoy] confirmó que aquellas personas activas en la comunidad que hacen el bien a los demás, son tan energizadas al hacerlo, que resultan más efectivas en sus carreras y, como consecuencia, ascienden más alto en la escala.

-MENSAJE-

Cuando el estándar de vida es nuestra prioridad número uno, la calidad de vida raramente será elevada. Si la calidad de vida es nuestra principal prioridad, nuestro estándar de vida generalmente aumentará.

51

DE LA PRISIÓN AL PREMIO NOBEL

Stanley Williams es el cofundador de la pandilla South Central Los Angeles Crips, y fue acusado de matar a cuatro personas en 1981. Increíblemente, Williams fue nominado para el Premio Noble de la Paz. Imagínese que todos los que conocían al Stanley Williams de los "Crips" estaban anonadados. Entonces es inevitable preguntar, especialmente porque está condenado a muerte, ¿qué es lo que ha ocurrido para que pasara de ser un asesino convicto, a nominado al Premio Nobel de la Paz?

> "El mundo es el premio para todos los hombres de veras."
> **—Frederick W. Robertson**

El giro drástico vino a través de Barbara Becnel, directora ejecutiva de Neighborhood House, una organización comunitaria sin fines de lucro que tiene un centro de rehabilitación para drogadictos, distribuye comida gratuitamente y brinda otros servicios humanitarios a su comunidad pobre. Ella conoció a Williams en 1993, investigando en la revista *Essence* un artículo sobre las pandillas juveniles de muchachos de color. Su investigación la condujo a comenzar a escribir un libro sobre la historia de los Crips y sus archienemigos, los Bloods. Ella dijo que a cualquier lado donde iba le decían que tenía que hablar con "Big Took" (Williams). Luego ella tuvo que escribir que Stanley

Williams estaba arrepentido de su herencia de los Crips. Barbara dijo que él quería revertir ese legado.

Él le había contado que quería escribir libros para niños en donde les predicara un mensaje antipandillas. Al principio trabajaron juntos en la preparación de un video de cinco minutos y medio, que fue proyectado en una cumbre entre los Crips y los Bloods.

Acerca del momento en que el video terminó, ella dijo: "Las cuatrocientas personas en la audiencia estaban al borde de sus asientos. Había silencio total. Cuando la pantalla se puso en blanco, las cuatrocientas personas se pusieron de pie y aplaudieron. Yo pensé que si él podía manejar ese nivel de atención, quizás estábamos ante algo importante".

Desde allí han ocurrido varias cosas. William ha escrito varios libros, la mayoría de los cuales están subtitulados "Tookie habla en contra de la violencia de las pandillas". Él tiene una idea, el Proyecto en Internet para la Paz Callejera, el cual les permite a los niños de North Richmond's Neighborhood House hablar con inmigrantes somalíes en Suiza, a través de correos electrónicos, salas de chat, contándoles a ellos cómo evitar las pandillas y los problemas causados por ellas.

Evelyn Nieves, escribiendo para el *New York Times*, cuenta de la vieja y sombría casa que sirve como centro para después de la escuela, en la empobrecida población de East Bay, de North Richmond, California. Ella escribió: "Los niños atiborraban ambas plantas, su presencia ocultaba el aspecto de pobreza. Algunos picoteaban aquí y allá en los teclados de computación, otros estaban sentados en pupitres escolares finalizando composiciones, y otros en una esquina oyendo a Martika Pittman, de diez años, leer de un libro escrito por un ex pandillero ahora condenado a muerte: 'Muchos pandilleros creen que se respetan a sí mismos –leía Martita–. Creen que tienen una buena autoestima porque se sienten bien consigo mismo. Pero están equivocados. Y también lo estaba yo'".

Stlanley "Tookie" Williams verdaderamente capta la atención. Logró conmocionar a los niños que leyeron y oyeron lo que tenía para decir. Cuando las noticias de su visita corrieron por todo el centro post-escolar, los sesenta chicos "vinieron corriendo desde todas partes para ver si ellos también podían hablar con Tookie. '¡Tookie! ¡Tookie!' chillaban, en el modo en que otros niños reaccionaban ante Michael Jordan. 'Déjame saludarlo', 'No, ¡déjame a mí!'"

> "Genio es iniciativa encendida."
> —**Holbrook Jackson**

Ciertamente es un gran *hit* con los niños, y el hecho de que haya sido nominado para el Premio Nobel de la Paz dice que él es un hombre, a pesar de todo su trasfondo, dificultades, problemas y crímenes violentos, que ha decidido hacer una contribución a la sociedad. Solo Dios sabe lo que pasará y si su condena a muerte –él alega ser inocente– puede ser revertida. A pesar de eso, está yendo a toda velocidad, haciendo lo que puede para reducir la violencia escolar y salvar muchas vidas.

El mensaje es uno del cual todos podemos sacar partido. No tengo idea de lo que el futuro le deparará a Stanley Williams. Pero sé que él está aprovechando el presente para hacer una diferencia. Eso es algo que todos nosotros podemos hacer.

-MENSAJE-

Las personas muchas veces pueden cambiar; esa es la razón por la que nunca deberíamos darnos por vencidos con nadie. Stanley Williams puede ser la excepción, pero imagine lo que sucedería si cada pandillero tuviera un mentor o benefactor que le indicara un mejor camino.

52

LA HIPOCRESÍA

En su libro informativo y emocionante, *Discovering Your North Star [Descubriendo su estrella polar]*, el Dr. Ike Reighard identifica a un hipócrita de este modo. Dice: "En el teatro romano, el reparto de actores era enteramente masculino. Para hacer el papel de una mujer, o quizás para representar el rol de alguien que era bastante distinto, se ponían máscaras. Eso se llamaba 'actuar de hipócrita'. La palabra hipócrita significaba que una persona solo usaba una máscara temporalmente para actuar en una obra. Hoy ha llegado a significar 'farsante' o 'simular ser mejor de lo que se es'".

"El hombre grande no piensa de antemano en si sus palabras son sinceras, ni en si sus acciones son firmes; simplemente habla y hace lo correcto."
—**Mencius**

El Dr. Reighard señala: "Experimentamos un tremendo estrés al intentar ser alguien que no somos. Es como tratar de sostener globos debajo del agua. Podemos llegar a luchar para mantener uno o dos sumergidos, pero tarde o temprano, uno salta... ¡y generalmente con intensidad! Del mismo modo, finalmente nuestra máscara de persona serena y competente se cae y se observa la verdadera cara enojada y herida... pero solo por un momento, antes que la máscara sea rápidamente puesta sobre el rostro otra vez.

Aquí hay algunas de las máscaras que las personas usan:

- Usamos la máscara de un héroe, pero tememos fracasar.
- Usamos la máscara de un comediante, para ocultar nuestro dolor y desviar la atención de la cruda realidad.
- Usamos la máscara de alguien que controla la situación completamente, porque de verdad nos aterroriza estar fuera de control.
- Usamos la máscara de una persona amable y complaciente, porque queremos evitar el conflicto a toda costa.
- Usamos la máscara de una persona que nunca falla, porque solamente nos sentimos seguros si todo anda bien.
- Usamos la máscara de ser comprensivos, porque esperamos ganarnos la aprobación de aquellos a quienes ayudamos.
- Usamos la máscara de una persona dejada, porque nadie espera nada de alguien así.
- Usamos la máscara del rebelde, porque eso hace que la gente nos admire desde una cierta distancia.
- Usamos la máscara de la ira, porque queremos que los demás sean controlados por nuestro enojo.
- Usamos la máscara de una persona tímida y retraída, porque nadie va a herir a alguien tan frágil."

El Dr. Reighard se refiere a que el estrés de tratar de ser alguien que uno no es, es una batalla interminable. Soy de la opinión que si no logramos ser nosotros mismos, entonces menos podremos lograr ser alguien más. Está bien aprender de otros, incluso para descubrir algunas de las técnicas y procedimientos que usan en el proce-

"No somos hipócritas cuando dormimos."
—William Hazlitt

so de ser exitosos. Pero intentar ser otra persona es realmente hipócrita. Admire a los demás, aprenda de ellos. Pero no trate de ser alguien que no es.

La otra cara de la hipocresía es la coherencia. Cuando alguien que no lo conoce personalmente le hace preguntas de alguien que lo conoce bien personal y profesionalmente, sus respuestas hablarán mucho acerca de usted. La pregunta más común es invariablemente: "¿Es ella o él realmente como parece ser, o la persona privada es distinta de la pública?"

Pregunta: Cuando –no si– esa pregunta sea formulada acerca de usted, ¿qué podrán decir sus amigos con todo entusiasmo? Si la respuesta ha de ser un "Lo que ve es lo que es", o algo así como "Si, él es verdaderamente genuino", acaba de pasar la prueba decisiva. Pero si su amigo tiene que sonreír y usar un doble discurso y cambiar de tema, lo animo a revisar quién es usted. Decida ser la clase de persona que siempre recibe un gesto de aprobación.

Creo que si presta cuidadosa atención a lo que el Dr. Reighard dijo, y toma seriamente esos pensamientos, eso hará una diferencia significativa en su vida.

-MENSAJE-

Es cierto que la verdad puede ser negada, pero no puede ser evitada. Tarde o temprano seremos descubiertos. Así que, juguemos limpio. Estaremos felices de haberlo hecho.

53

DIAGNÓSTICO PREMATURO

Cuando era joven solía escuchar a alguien decir acerca de otro en la jerga sureña: "Él no sirve para nada" o "No vale ni un centavo", indicando que en su opinión, la persona en cuestión no tenía futuro. Pero la historia ha demostrado que muchas veces esas opiniones prematuras son infundadas y erróneas.

Mi hermano menor quería seguir mi ejemplo con las ventas, pero él no tenía ese "toque". Aunque intentó fuertemente, no podía vender nada. Persistió y persistió hasta que finalmente superó no solo mis records de venta, sino los records de la empresa también.

> "El mayor obstáculo hacia su éxito, probablemente sea usted."
> —**Frank Tyger**

Una historia apasionante en *Investor's Business Daily,* de Nancy Gondo, sobre la vida de Louis Braille es un ejemplo clásico de cómo a veces sentimos que una persona "discapacitada" no tiene futuro. Pero la discapacidad simplemente les exige hacer las cosas en una manera diferente. Cuando era un niño de tres años de edad, Louis Braille, a quien se le había prohibido que tocara las herramientas de su padre, se trepó a un banquito y alcanzó una filosa lezna para perforar agujeros en el cuero. Trágicamente, la lezna se deslizó y fue a parar a su ojo izquierdo. Como resultado, Louis tuvo una infección en ese ojo que se esparció también hacia su otro ojo. Eso llegó a causarle una ceguera total para el tiempo en que alcanzó los cuatro años.

A principios del siglo XIX, ser ciego era estar desamparado y depender de otros para siempre. Afortunadamente, sus padres no adscribieron a esa idea y decidieron no tratarlo diferente de cómo trataban al resto de sus hermanos. Louis fue un joven persistente. Usaba el bastón que su padre le había hecho para memorizar cuántos golpecitos le tomaba llegar de un lado a otro. Desarrolló un sentido agudo del olfato y sabía identificar a través del sonido. Cuando tenía seis años, un sacerdote local le daba clases particulares tres veces por semanas. Tenía una memoria maravillosa y era capaz de memorizar los nombres de artistas y escritores, además de recitar largos versos de poesía.

"No nos encontramos con el éxito, excepto por esfuerzos reiterados."
—**Françoise de Maintenon**

Gracias a la agudeza de ingenio de Braille, el sacerdote convenció a la escuela secundaria para que lo aceptaran como alumno, y Louis absorbía todo. Con su mente despierta podía resolver complejos problemas matemáticos mentalmente. Pero no sabía leer ni escribir. Solo podía sentarse y escuchar cómo los demás pasaban las páginas.

Cuando Louis tenía cerca de diez años, Charles Barbier, un capitán de barcos retirado, había creado un sistema de código de puntos y rayas elevadas sobre un papel grueso, para que los franceses pudieran enviar mensajes en la oscuridad. En 1821 ofreció su método de "sonografía" a estudiantes ciegos. Louis estaba emocionado, ya que se le hacía fácil leer los puntos y las rayas con las yemas de sus dedos, y escribir mensajes usando un punzón sobre papel. El problema era que este sistema estaba basado en sonidos, así que no había números o signos de puntuación. Como consecuencia, Louis pasó todo su tiempo libre trabajando para simplificar los grupos de puntos y rayas.

El sistema de Barbier usaba algo de veinte puntos por sílaba y hasta cien puntos por palabra. Le llevó muchos meses, pero Louis Braille simplificó su sistema notablemente. Su escuela concertó un encuentro entre él y Barbier, quien se sintió insultado de que un joven de trece años estuviera sugiriendo cambiar su método. Braille persistió, no obstante, y para los quince años su sistema estaba completo y todavía hoy se usa.

En nuestra iglesia hay una joven muy inteligente, Sandra Spoonemore, quien anda en una silla de ruedas motorizada. Es una niña pequeña, pero su intelecto y actitud son extraordinarios. Recientemente regresó de Australia, en donde recibió reconocimientos por su creatividad en este campo. Como consultora de negocios, hace contribuciones muy significativas para la sociedad, muy a pesar de su "discapacidad". En el año 2000 recibió el Premio del Milenio al Empleo de Personas con Discapacidades, otorgado por el Comité del Alcalde de Dallas.

Pregunto: ¿Eso es "no valer ni un centavo"?

-MENSAJE-

Usted es el factor determinante en su futuro. No deje que otros lo juzguen con su lástima o sus pensamientos y sentimientos negativos. Sepa que está aquí por una razón. Reconozca, desarrolle y use los recursos que tiene. Otros solo ven la superficie; usted conoce su corazón.

54

DIECISIETE REGLAS DE LA VIDA

> "Sabiduría es saber qué hacer luego; virtud es hacerlo."
> —**David Starr Jordan**

Por muchos años ha habido cierta especulación sobre las creencias de los padres fundadores de los Estados Unidos. George Washington escribió las siguientes "reglas de vida" mientras aún era un niño que iba a la escuela. Se las recomiendo, ya que se dice que han sustentado y guiado, y finalmente conducido a la victoria, al primer presidente de los Estados Unidos:

1. Actúe cada vez como en la presencia de Dios, y haga de ello el gran objetivo en todo lo que haga para agradarle. Para poder hacerlo:
2. Busque antes que nada obtener una visión clara de su voluntad y, en referencia a todas las cosas, conformarse perfectamente a ella. Al hacerlo:
3. No albergue pensamientos, no consienta sentimientos, no pronuncie palabras y no realice acciones, sino las que realmente piensa que, después de toda la luz que puede recibir, honrarán más a Dios, lo beneficiarán más a usted y traerán el mayor gozo cuando sean exhibidas delante del universo reunido en el Día del Juicio.

4. Comience y acabe cada día con un tiempo de comunión con Dios, y con una solemne y profunda dedicación de usted mismo y de todos sus intereses, temporales y eternos, a su guía, cuidado y disposición.
5. Lea diariamente con mucha atención y oración ferviente una porción de La Palabra de Dios, con el propósito de entenderla, creerla y obedecerla.
6. Nunca exprese o permita al más mínimo grado de falta de consideración hacia ningún ser humano, y no provoque dolor innecesariamente a nadie de la raza humana, ni de la creación animal.
7. Póngase el objetivo de promover la mayor felicidad posible a todos aquellos sobre los cuales tiene influencia, tanto en el presente como en las generaciones futuras.
8. Contemple la mano de Dios en todas las dispensaciones de su providencia, y en cualquier estado que Él lo ponga, esté satisfecho.

"La sabiduría denota la búsqueda de los mejores fines por los mejores medios."
—Frances Hutcheson

9. No envidie a ninguno que esté por encima de usted, y no desprecie a nadie que esté por debajo, sino posea y manifieste la máxima buena voluntad hacia todos los hombres.
10. Nunca hable de nadie o sienta hacia ellos en una manera que no desearía que hablaran o sintieran hacia usted, en circunstancias similares.
11. Que todas las declaraciones y narraciones puedan ser una exacta exhibición de la Verdad.
12. Actúe para Dios, para el universo y para la eternidad, y hágalo de tal modo como adoptando promover los valores supremos para siempre. Para hacerlo:
13. Mire habitualmente a Jesucristo. Que toda su alma se empape de este espíritu y manifiéstelo en todas sus acciones.

14. Mire al Espíritu Santo como el autor de todo lo bueno en el hombre. Busque habitualmente su enseñanza, su iluminación e influencia purificadora para que Él habite en usted como su templo, y tome completa posesión de todos sus poderes y talentos para Él.
15. Desee seriamente que Él tome de lo de Cristo y se lo muestre más y más, y evite cuidadosamente todo lo que tiende a impedirle que sea perfectamente transformado como Él.
16. Que la voluntad de Dios sea su comida y su bebida, y respete persistentemente todos sus mandamientos.
17. Sienta y reconozca que todo lo bueno que ha recibido jamás, que recibe actualmente o que alguna vez recibirá, es por gracia a través de Jesucristo. Confíe en Él para todo lo que necesite, tanto para esta vida como para la venidera. Descanse en sus méritos, imite su ejemplo y en vista de cada bendición déle a Él, y al Padre y al Espíritu Santo, toda la gloria.

—George Washington

Creo que estas reglas son indicativas de la mayoría, si no de todos nuestros padres fundadores. Estoy seguro de que ellos eran hombres de honestidad, valor, carácter, fe e integridad. Su amor a la libertad y al país fue consistentemente demostrado a través de sus vidas. El joven George Washington expresó el ideal que todos los otros padres fundadores abrazaban.

-MENSAJE-

George Washington nos dio un ejemplo que, si lo seguimos, dará honor a Dios, a nosotros y a nuestros compatriotas.

Esperamos que este libro haya sido de su agrado.
Para información o comentarios, escríbanos a la dirección que aparece debajo.
Muchas gracias.

Libros para siempre

info@peniel.com
www.editorialpeniel.com

PUEDES ALCANZAR LA CIMA

¿Está listo para ir hacia la cima? Entonces descubra los secretos del motivador número uno, Zig Ziglar.

En *Puedes alcanzar la cima,* Zig presenta impactantes historias de la vida real, citas poderosas y dichos favoritos –acompañados de su patente sentido del humor– para proveerle revelaciones que lo ayudarán a descubrir niveles mayores y exitosos para su vida.

Ya sea que lea una selección por día o todo el libro de una vez, obtendrá la inquebrantable confianza que lo conducirá a la cima.

¿Busca una manera de mejorar? Aprenda de un probado líder a medida que se forje su propia senda hacia el éxito.

Zig Ziglar es uno de los comunicadores más famosos, conocido como "motivador de motivadores". Más de tres millones de personas han asistido a sus presentaciones en directo, y otros muchos millones se han inspirado por sus casetes y videos.
Zig ha vendido más de cuatro millones de libros en todo el mundo.

Zig Ziglar

Peniel

www.editorialpeniel.com